执政能力视域下的
当前中国共产党学风建设研究

陈宸 著

中国财经出版传媒集团
中国财政经济出版社

图书在版编目（CIP）数据

执政能力视域下的当前中国共产党学风建设研究/陈宸著.—北京：中国财政经济出版社，2017.12

ISBN 978-7-5095-7841-4

Ⅰ.①执… Ⅱ.①陈… Ⅲ.①中国共产党－学风建设－研究 Ⅳ.①D261.3

中国版本图书馆CIP数据核字（2017）第275897号

责任编辑：李玲兰　　　　　责任校对：黄亚青
封面设计：王　颖　　　　　版式设计：齐　杰

中国财政经济出版社 出版

URL：http://www.cfeph.cn

E-mail：cfeph@cfeph.cn

（版权所有　翻印必究）

社址：北京市海淀区阜成路甲28号　邮政编码：100142
营销中心电话：88190406　北京财经书店电话：64033436　84041336
北京财经印刷厂印刷　各地新华书店经销
787×1092毫米　16开　11.5印张　163 000字
2017年12月第1版　2017年12月北京第1次印刷
定价：48.00元
ISBN 978-7-5095-7841-4
（图书出现印装问题，本社负责调换）
本社质量投诉电话：010-88190744
打击盗版举报热线：010-88190414　QQ：447268889

前　言

中国共产党的学风建设作为党的作风建设的重要组成部分，直接反映党的先进性和党员的精神面貌，关系到如何对待马克思主义的问题。毛泽东曾在《整顿党的作风》中指出："学风问题是领导机关、全体干部、全体党员的思想方法问题，是我们对待马克思列宁主义的态度问题，是全党同志的工作态度问题。既然是这样，学风问题就是一个非常重要的问题，就是第一个重要的问题。"2008 年，习近平在中共中央党校进一步指出，"学风问题是关系党的事业兴衰成败的一个重大政治问题"。这就将学风建设上升到战略高度去认识。同时，学风建设作为党建理论宝库中的锐利武器，对党的思想建设、组织建设、制度建设也起着辐射与推动等重要作用。

中国共产党秉承着重视学风建设的光荣传统，在每个重大的历史转折时期都在全党掀起学习高潮，重整学习风气。90 多年的学风建设实践表明，学风端正，前途光明；学风不正，举步维艰。正如习近平所说："在每一个重大转折时期，面对新形势新任务，我们党总是号召全党同志加强学习；而每次这样的学习热潮，都能推动党和人民的事业实现大发展大进步。"

党的建设面临的新形势，要求我们必须加强学风建设。十九大报告指出，我国发展仍处于重要战略机遇期，前景十分光明，挑战也十分严峻。世情、国情、党情都发生了深刻的变化，党建工作面临前所未有的困难和问题，执政考验、改革开放考验、市场经济考验、外部环境考验，现实且严峻；精神懈怠的危险、能力不足的危险、脱离群众的危险、消极腐败的危险，紧迫且尖锐。学风建设作为党建工作的首要任务，成为应对考验、化解危险的关键环节。在全面从严治党的背景下，十八届六中全会指出要营造风清气正的政治生态。可见，研究学风问题是党对新形势做出的深刻回应，体现了党的建设的高度自觉。

  党的学风建设问题，既是一个理论问题，又是一个现实问题。本书试图在横向上对学风及相关概念的内涵进行全面的理论阐释，在纵向上遵循党的学风理论逻辑与历史脉络，借鉴党在不同历史时期学风建设的创新性成果、总结经验教训，进而从现实出发直面学风建设的突出问题。作者从揭示现实背景，挖掘理论基础、历史实践、基本经验、时代挑战、突出问题、实现路径等方面进行探析，力求为当前党的学风建设献计献策。

目 录

绪论 …………………………………………………………………… 1

 一、研究背景与研究意义 ………………………………………… 1
 二、研究现状与观点述评 ………………………………………… 4
 三、研究思路与创新之处 ………………………………………… 10
 四、研究方法与重点难点 ………………………………………… 11

第一章 中国共产党学风的涵义界定及其相关概念 …………… 13

 第一节 党的学风相关概念 …………………………………… 13
  一、学风与学习 ………………………………………………… 13
  二、学风与文风、党风辨析 …………………………………… 14
  三、学风与学习型政党、马克思主义学习型政党辨析 ……… 16

 第二节 党的学风的基本内涵 ………………………………… 18
  一、学风的基础——思想立场 ………………………………… 19
  二、学风的实质——思想路线 ………………………………… 22
  三、学风的核心——思想方法 ………………………………… 24

 第三节 学风与传统文化中学习思想的滋养 ………………… 26
  一、学习态度勤学重道 ………………………………………… 26
  二、学习目标贤哲治国 ………………………………………… 29

三、学习内容礼乐人文 …… 30
四、学习方法博约慎思 …… 31

第二章 中国共产党学风建设的发展进程及其实践意义 …… 33

第一节 党的学风建设的理论传承 …… 33
一、经典作家奠定了学风建设的理论基础 …… 34
二、毛泽东构建了学风建设理论体系 …… 36
三、邓小平创建了学风建设的新格局 …… 40
四、其他领导人增添了学风建设的新思路 …… 43

第二节 党的学风建设的实践探索 …… 50
一、延安整风运动促成革命胜利 …… 50
二、学习脱离实际造成曲折发展 …… 58
三、优良学风促使改革成绩斐然 …… 60
四、学习型政党建设促进社会和谐 …… 62

第三节 党的学风建设的实践意义 …… 63
一、促进优良传统的继承和发扬 …… 64
二、永葆党的先进性与纯洁性 …… 66
三、完成执政党建设的首要任务 …… 67
四、解决发展中现实问题的关键 …… 69

第三章 中国共产党学风的突出问题及其深刻成因 …… 74

第一节 党的学风建设的时代挑战 …… 74
一、全球化对党员思想的多种渗透 …… 75
二、市场化对党员思想的全面挑战 …… 77
三、网络化对党员思想的双重作用 …… 79

第二节 当前党的学风的突出问题 …… 82
一、背离马克思主义的思想立场 …… 84
二、割裂理论联系实际的思想路线 …… 86
三、歪曲实事求是的思想方法 …… 89

第三节　党的学风问题的深刻成因 …… 91
一、心理因素导致意识偏差 …… 91
二、文化因素影响精神信仰 …… 94
三、社会因素诱生功利思想 …… 96

第四章　当前中国共产党学风建设的主体修养 …… 100

第一节　提高党性修养，坚定统一的马克思主义的思想立场 …… 100
一、注重党性锤炼 …… 101
二、巩固理想信念 …… 103
三、提高自身修养 …… 104
四、遵循价值标准 …… 106

第二节　增强先进意识，持有展现学习型政党特征的思想态度 …… 109
一、提升以身作则的政治觉悟 …… 109
二、培养终身学习的思想态度 …… 111
三、树立自我超越的问题意识 …… 113
四、倡导全面学习的科学理念 …… 114

第三节　运用主体思维，培育科学创新发展的思想方法 …… 120
一、把握马克思主义方法论的特性 …… 121
二、坚守改进思想方法的基本原则 …… 123
三、发挥主体在创新中的统领作用 …… 124
四、继承与创新科学思想方法并重 …… 126

第五章　当前中国共产党学风建设的宏观思考 …… 130

第一节　基本环节：掀起理论学习与调查研究之风 …… 130
一、全面加强马克思主义理论学习 …… 130
二、大力推进调查研究的工作方式 …… 132
三、将理论、中央精神与本地实际相结合 …… 133

第二节　现实基点：激发学习动力保持思想纯洁性 …… 135
一、明确干部奖惩激励机制 …… 135

二、发挥典型的模范带头作用……………………………………137
　　三、改进党员的学习组织方式……………………………………138
　第三节　保障体系：完善党员干部的学习制度…………………………140
　　一、建立严格的学习规章制度……………………………………141
　　二、完善党委中心组学习制度……………………………………144
　　三、规范党员学习资源保障制度…………………………………145

附录：关于党的学风情况的调查问卷…………………………………149

结语……………………………………………………………………155

参考文献………………………………………………………………157

后记……………………………………………………………………173

绪　论

一、研究背景与研究意义

（一）研究背景

学风建设总是与所处的时代背景和现实环境紧密相连的。本书以当前中国共产党的学风建设研究为题，从世情、国情、党情的三方面分析选题背景。

1. 国际背景

当前国际形势发生了深刻变化，政治、经济、科技、文化等方面呈现出新的特点。政党格局多元化趋势发展迅猛，政治格局的调整也使冲突因素增多，领土利益之争与政党可持续发展力等问题扑面而来。如利比亚在卡扎菲掌权期间，对外主张"不学东方，不学西方"，对其他国家表现出较强的排外性；对内实行独裁统治，搞家族政治，大量财富由权贵阶层掌控，由此引来的国内贫富差距悬殊，社会矛盾迭起，国家军事力量削弱等一系列问题，最终导致"腹背受敌"，政权倒塌。再如亚洲、非洲和拉丁美洲的部分发展中国家，执政党急于获得经济发展成效，通过大量的资源消耗或扩大举债规模，来实现经济的高速发展。然而，这种发展模式效率高、见效快，但同时带来了供需失衡、资源浪费、环境破坏、腐败滋生、债务危机等问题，为社会的长期发展埋下了"隐患"，难以实现经济的长久繁荣。因此，如何建立科学的发展模式和机制，实现经济和社会的健康可持续发展，是执政党必须解决的重大课题。

执政党必须通过学习来提高执政能力，以获得解决问题的方法。否则，伴随人们认识的提高、文化交流的频繁，必将引起民众的不满和抗议，最终走下政治舞台。是否具有先进的理念永葆执政能力，成为新时期执政党面临的最棘手的问题。经济发展已进入到知识经济为主导的新时代，知识经济主要表现出"智慧型"和"创新型"特征，它的兴起使知识成为推动经济发展的着眼点。此外，信息网络高速发展，信息资源的共享程度不断提升，引起了文化发展的大变革，多种文化并存且相互融合，使人们学习了世界先进文化的同时，也滋生出一些不良价值观念，比如奢侈浪费，过度消费等，思想文化交互纷杂。在这样一个政治、经济、文化高速发展和转变的时代，政党普遍注重学习规律的探究和学习型组织理念的广泛传播，学习成为个人、政党和国家的发展之本。人们需要紧跟时代的步伐，进行系统性、适应性、创造性地学习，做好知识创新、知识传播和知识应用，顺应时代步伐具备解决现实问题的能力。

2. 国内背景

近年来，中国取得了举世瞩目的成绩，建立了良好的物质基础和体制环境。我国正在创建经济、政治、文化、社会与生态"五位一体"的发展格局，在产业结构调整、城乡一体化建设、市场经济的配套改革、国际发展战略方面都取得了新的进展，形成了科学的发展思路。随着国内经济快速发展，人民精神文化生活变得丰富多彩，人们对信息与知识的更新充满渴望。因此我们更应具有政治定力与文化自信，投入到学习型社会的建设。然而，发展的道路上并不会一帆风顺，发展快速化、不平衡给社会带来了诸多问题。由高速发展所带来的生态、环境、资源等问题浮出水面，地区差异、收入差距、产业结构等现实问题相继产生，人民生活水平的提高并没有带动人民幸福感呈正比例上升。同时人民的文化水平与个人素质不能够匹配整个社会的发展，出现了仇视心理、道德缺失、价值观扭曲等现象。要处理这些社会矛盾，避免矛盾恶化成严重的社会问题，我们的政党就需要去找到根源并找到解决办法，这需要党员向书本学习、向实践学习、向群众学习才能达成。好的学风是学习活动顺利进行的根本保障，因此党的学风建设是基础性工作,只有做好党的学风建设工作,才能使广大党员积极面对问题、勤于学习知识、重视能力提升,并能将所学知识理论有效应用于实际问题当中。

3. 党内背景

中国共产党90多年的发展历程,从革命党转变成执政党,党情随之发生深刻变化。从党员构成上看,党员的数量从中共一大的50余名增至现在的近8700万。党员的构成在经济能力、职业、学历、社会地位上差异很大,这些差异给党的教育管理和职能发挥带来新的问题和挑战。从党员思想上看,由于信息网络化、经济体制深刻变革、利益结构不断调整,新旧道德体系冲突、中外文化交错,党员思想观念趋向复杂化,理想信念意识出现淡化,政治思想觉悟出现弱化;从党员作风上看,思想是行动的指导者,思想的巨变使党的优良作风也遭受质疑,党内正面临着"四大考验"与"四大危险"。十八大以后,习近平、王岐山分别在不同场合讲到反腐败要打歼灭战。如何去打战场战役,如何取得这场战役的胜利,不能靠老思想旧办法。因此要使全党经得住这"四大考验",避免"这四大危险",最基本的途径就是学习,党内亟需重塑学风来端正思想观念,形成科学化体系规范作风,因此在党内掀起了学习的新高潮。2013年习近平在中央党校建校80周年庆祝大会上的讲话中强调,"党员干部要加强学习紧迫感"[①]。这再次吹响了我们党大兴学习之风的号角。

置身世情、国情、党情深刻变化的今天,党的自身建设任务更为繁重、更为紧迫。中国共产党只有通过学习,理论联系实际,才能拥有解决现实问题的执政能力,才能担当执政兴国的历史使命。作为党建的首要环节,大力加强学风建设已经迫在眉睫。

(二)研究意义

党的历史经验告诉我们,学风正,学以致用;学风不正,贻害无穷。建设马克思主义学习型政党,一定要从端正学风开始。具体到本书,在提

---

① 习近平. 在全党大兴学习之风依靠学习和实践走向未来 [N]. 人民日报,2013-3-2 (01).

升执政能力视域下研究当前中国共产党的学风建设,具有以下双层意义:

1. 深入的研究这个问题有利于掌握中国共产党学风建设理论与实践的继承与发展的关系。马克思主义诞生至今,党的学风问题就作为一条重要线索始终贯穿于马克思主义发展史、贯穿于马克思主义经典作家的理论与实践。在理论上,马克思主义经典作家以及历届中共领导人,对党的学风建设都有不同的理论贡献;在实践上,经过几代人的不断努力,党的学风建设也取得了不同程度的进步。本书通过梳理经典作家以及我国几代领导人关于学风建设的理论,借鉴于不同时期我党学风建设的具体实践,结合当前的现实情况,弄清其中的继承与发展关系。

2. 深入的研究这个问题有利于为解决党的学风问题找到有效途径。本书按照历史发展的实际面貌与当前学风的实况,探讨当前中国共产党学风建设的意义,探寻解决学风问题的有效措施。这对中国共产党的学风建设及其理论创新具有重要的指导作用。刘云山同志于2013年4月在中央党校座谈会上指出,"全党要掀起学习之风调研之风实干之风",指出学风是第一重要的问题,要依靠学风转作风。因此,在现阶段,进行党的学风建设是当务之急,意义重大。

二、研究现状与观点述评

(一) 研究现状

目前理论界对党的学风建设主要集中于领导人学风建设思想研究和某一具体历史时期学风建设的研究。笔者通过在国家图书馆、中央财经大学图书馆、中国知网上的查询与检索,在可查询到的时间范围内,即1986年5月至2017年9月,以"党的学风建设"为主题词的国内专著有十余部,期刊与学位论文686篇,目前没有以"当前中国共产党的学风建设"为主题词的国内书籍,期刊及学术论文也仅有38篇。

中国共产党在政党的学风建设方面是所有政党的楷模,国外相对于此方面的研究也很有限。关于学风建设研究,主要包括两个领域:一是党的领导人在实践过程中产生的关于学风建设的理论与思想；二是学术界从不同角度论证产生的关于学风建设的观点。现把国内外的相关理论、专著、论文的观点罗列如下：

1. 国内研究现状

对党的学风涵义的研究，主要包括两个领域：一是党的领导人在实践过程中产生的对学风涵义的阐述；二是学术界围绕领导人的观点所做的进一步理论研究。毛泽东最早对学风的涵义进行论述，直接指出学风问题是"思想方法"与"思想态度"[①]问题，同时，为学风建设构筑了重要的理论框架。之后的领导人和学者都是在此观点基础上对学风理论进行丰富与充实的；邓小平指出学风还是"思想路线问题"[②]，解放思想、实事求是是学风的精髓；江泽民认为要"讲学习，解决学什么、怎么学，即学风问题"[③]；习近平更加注重对马克思主义学风是科学的思想方法和工作方法的论述[④]。此外，党也在多个层面正式地对学风内涵进行明确，党的十一届三中全会指出学风即是思想路线。党的十五大提出学风是用马克思主义的立场观点方法解决中国现实问题。学界鲜有对学风具体涵义有独创性观点，大体上都是对毛泽东、邓小平、江泽民、习近平等领导人关于学风涵义的阐释做了大量的理论分析与总结。这类的文章数量可观，如徐世杰的《论毛泽东的学风观》、王炳林《毛泽东对确立马克思主义学风的历史贡献》、边凤花《邓小平学风观的主要特征》、石云霞《试论江泽民对马克思主义学风思想的丰富与发展》、占志刚《习近平同志学习观初探》等等。还有一些学者围绕党的学风与政治发展的关系展开论述，如齐秀民的《学风问题是一个重大政治问题》。本书也是基于毛泽东关于学风涵义的思维架构而展开研究的。

对学风建设必要性和重要性的研究，学术界大致从党的自身需求、外部环境带来的挑战、党的领导人观点阐述、党的历史经验的启示来进行分析的。中央党校中国特色社会主义理论体系研究中心从几个方面论述学风

---

① 毛泽东选集（第3卷）[M]. 北京：人民出版社，1991：813.
② 邓小平文选（第2卷）[M]. 北京：人民出版社，1994：143.
③ 江泽民文选（第1卷）[M]. 北京：北京人民出版社，2006：142.
④ 习近平. 深入学习中国特色社会主义理论体系努力掌握马克思主义立场观点方法 [J]. 求是，2010（7）.

建设对党自身需求的重要性，认为一是保持和增强党的先进性的需要；二是优化作风；三是提高党的执政能力，特别是提高自身化解矛盾的能力。一些学者从重视学习是党的优良传统的角度论述其重要性，如刘景泉《中国共产党的学习运动论述》等；还有结合现实需要解析学风建设必要性的，如中共天津市委党校课题组研究认为，首先因为世情、国情、党情的深刻变化对党建提出的迫切要求，同时也是深刻总结多年来党建历史经验得出的重要结论；此外有学者借用几代领导人的重视程度来进行论述，如王绍芳《中共三代领导核心与马克思主义学风建设》。

对学风建设的历史实践的研究，学界主要针对延期整风时期、新中国建立初期、改革开放到 20 世纪末、新世纪四个时期展开。延安时期的学风建设作为学术界研究的重点，有百余篇核心期刊以此为主题词，也有博士论文以此为题。关于这一阶段学风建设的研究观点基本一致，认为当前学风建设必须通过弘扬延安整风精神来实现，如郭春和《延安时期干部学风建设的启示》、王有红《论延安精神与延安时期党的学风建设》、祝宝钟《弘扬延安整风精神加强党的学风建设》等。较有争议的是对社会主义建设初期学风建设的研究，许多学者回避了对这一阶段的研究。学者王曼对这一阶段的研究基于它的失误上。关于改革开放以来的学风建设的研究又出现高峰，围绕它的历史价值和现实取向展开，如秦宣《改革开放以来我们党意识形态建设的基本经验》。对于新时期学风建设的论文大多是基于建设学习型政党的角度研究的，较有代表性的是宋跃南的《新时期马克思主义学习型政党建设研究》，或者基于作风建设、先进性建设来研究学风，如夏可珍的《新时期领导干部作风建设难题破解》，针对学风建设进行系统性研究的论文则十分罕见。

对学风建设与其他问题关系的研究，许多学者围绕与学风相关的要素展开研究。一是，学风与作风、文风联系起来研究。李娟芬在《改进党的学风是党风建设的题中之义》指出，学风、党风间密不可分，学风是作风的重要组成部分。学者罗万信论述了"学风是加强领导干部作风的生命线"[①]。

---

① 罗万信. 学风建设是加强领导干部作风建设的生命线 [EB/OL]. 宁夏廉政网，2007 - 12 - 29.

二是，学风建设与党的建设关系问题的研究。蒋仁勇对党的学风建设与思想建设、作风建设、组织建设与先进性建设、执政能力建设关系进行了研讨。马仲良也赞同学习是推进思想建设、作风建设、制度建设、组织建设的关键措施这个观点并进行了论述。三是，将学风置于学习型政党建设中研究。杨瑛指出，改进学风是建设学习型政党的关键。多位学者将学风作为学习型党建的重要环节来展开研究。四是，把学风作为马克思主义理论的构成来研究。李新泰撰写的《马克思主义学风论》一书，认为学风是马克思主义理论的重要组成部分。

对当前学风问题及对策的研究，学术界普遍将问题与对策相对应进行论述。很多学者对当前存在的突出问题观点大体一致。正如中共乐山市委课题组《新时期加强和改进党的学风建设的研究报告》中所述，学风问题主要表现在生搬硬套的教条主义、以学带干的经验主义、学用脱节的形式主义、浅尝辄止的功利主义。关于学风建设实现路径的研究，学者们紧跟时代特征，从党性角度、干部教育、党建理论等方面进行论述。《党员领导干部要有良好的学风》是湖南省邓小平理论和"三个代表"重要思想研究中心撰写的。文章提出了关于有效改进学风的观点：强化学习责任，是领导干部学风建设的前提；提高学习兴趣，领导干部是学风建设的关键；改善学习方法，领导干部是学风建设的重点；拓宽学习视野，领导干部是学风建设的途径。为保证学风建设常态化，不少学者也提出了倡导性的建议，如肖小华的《解决干部教育中的学风建设问题的几条重要途径》、喇国玮的《学风建设问题之管见》等，促进了学习教育活动的深入开展，也促进了党的建设理论的发展。还有种观点是将学风建设作为建成马克思主义学习型政党的重要路径或重要组成部分来研究，如高原丽《建设马克思主义学习型政党路径探析》、谈育明、谢勇的《论马克思学习型政党学风建设问题》、李抒望《论建设马克思主义学习型政党的学风问题》。既然当前党的学风建设与马克思主义学习型政党建设密不可分，那么就应该将两者结合起来展开研究，这也是当前国内的理论研究给笔者带来的写作灵感。

2. 国外研究现状

（1）对学习的研究。学风建设探讨的首要问题就是学习什么与怎么学。

国外的学者创立了几十种学习理论，致力于改革学习方法和改良学习效果。较有借鉴性的包括：古老的发现学习理论，认为学习要依靠发现目标来刺激，这与党学风建设中强调的问题意识来激发学习的观点基本一致；以美国心理学家班杜拉为代表的社会学习理论，认为通过自我观察、自我判断、自我反映实现学习的预期、计划等；美国心理学家卡尔·罗杰斯的经验学习理论，认为经验学习能够将学习者的愿望、兴趣和需要有机结合，教育学家奥萨内尔也认为由他人经验转为个人经验的学习是有意义的。除此之外，还有许多组织如联合国教科文组织和国际会议，对学习改革提出了诸多方向性意见。他们力图用创新的学习模式，来找到解决学习问题的途径。罗马俱乐部1979年发表的研究报告《学无止境》，是在人类既有的"维持性学习模式""冲击性学习模式"之后，提出了第三种学习模式，即"创新性学习模式"。这种学习模式将学习放置于应对未来和可预见的事物中讨论，同时要发挥良好的环境和有利的决策给学习带来积极影响。

（2）对学习型组织的研究。学习型组织理论起源于西方，1956年美国麻省理工学院的弗睿斯特（Jay Forrester）教授发表的《一种新型的公司设计》中首次提出了"学习型组织"的概念。他运用系统动力学原理，设计出未来公司具有扁平化、信息化、开放性结构特点。随后一大批的关于学习型组织和学习型社会的论著相继问世。在之后三十多年的发展过程中，哈佛大学的克里斯·阿吉瑞斯的"组织学习理论"为学习型组织理论的成熟打下了夯实的基础。他认为，组织学习是所有组织都应该培养的一种技能，组织学习越有效，组织就越能够突破障碍，实现创新发展。1990年以后，学习型组织理论逐渐走向成熟，美国麻省理工学院的彼得·圣吉教授的"五项修炼"象征着学习型组织理论走向了成熟，被广泛地应用和熟知。他认为，任何组织唯一持久的优势，是有能力比竞争对手学习得更快，未来最成功的企业将是"学习型组织"的企业。学习型组织理论包含着组织建设的一般原则和指导方法。政党是一种具有特定价值理念和政治目标的特殊组织形态，在政党建设中，可以也应该吸收学习型组织理论的精髓。马克思主义学习型政党是由中国共产党首创的党建理论，国外相对于此方面的研究很有限，彼得·圣吉在《中国建设学习型政党的世界意义》中对此给予了高度评价,认为中国共产党在建设学习型政党方面成为了世界的典范。

(二) 观点述评

学术成果总是在前人的基础上完成的。回溯过往关于党的学风建设的研究,理论界的专家与学者,不同时期以不同角度对党的学风建设的理论、特征、现实要求、实践探索、有效措施等进行了研究,形成了丰厚的学术积累,为当前中国共产党学风建设的科学化提供了夯实的基础和有力的支撑。但是,上述的研究,仍存在一些不足之处有待于进一步的探索:

1. 目前的研究中,不乏有详细分析党的学风理论与不同时期特点的,为当前党的学风建设提供了有效借鉴,但缺乏深入的剖析学风的根本内涵并结合内涵来找到突出问题并寻找到解决路径的系统阐述。缺少从党员思想立场、思想路线、思想方法角度来探讨党的学风建设的文章,结合马克思主义学习型政党学习的特点,来解读党的学风建设的文章也很罕见。因此,从学风的三要素出发,结合学习型政党的特点,来找寻目前党在学风建设上的努力方向是必要之举。

2. 目前的研究中,有诸多研究是从理论、具体实践、存在问题、必要意义等不同角度出发,但缺乏对党的学风建设进行体系化研究。多数学者都是从某个历史时期或领导人关于学风建设的理论进行研究,当然,对党的学风建设的理论与实践的继承与创新进行梳理,是很有必要的,但是这样的研究对整体研究这个课题来说又显得较为分散,对党的学风建设贡献"有珠无线"。这就需要从对党的学风深刻内涵入手,深入解读党的学风建设的理论与实践发展历程,分析目前突出的问题,找到建设性建议以改进党的学风建设,从持续性和长效性上来保障学风端正。

3. 目前的研究中,不少运用马克思主义基本原理、马克思主义中国化理论成果等对党的学风建设进行的研究,缺乏学科间的借鉴与多角度的视野。这样的研究容易"不识庐山真面目,只缘身在此山中",对问题的研究不彻底不透彻不深入。本书运用心理学、社会学、哲学等学科知识,对学风问题的成因及解决的有效措施进行了深入的探讨。

三、研究思路与创新之处

（一）研究思路

本书紧扣党的学风建设是坚定思想立场、坚持党的思想路线、改进思想方法的过程这一论题。每个章节都是对它的有力支撑与相互印证。想要探究党的学风问题，就得说清楚学风"是什么""为什么""怎么了"与"怎么做"。本书从对党的学风相关的概念、基本要素出发，借鉴与中国传统文化的学习思想，对共产党人学风建设的理论进行梳理与归纳，对中国共产党学风建设的实践探索进行总结，引述出学风建设的实践意义；随后，本书结合当前面临的时代挑战，围绕学风的三要素，深入研究目前党的学风存在的突出问题，对突出问题进行成因分析；最后，进行党的学风建设的路径探析，从党员个体和党组织作为建设主体的角度出发，对当前学风建设提供具体措施与建议。

第一章致力于阐述党的学风"是什么"这一问题，阐述了党的学风建设的相关概念，并对相关概念间的关系进行分析；对学风的基本三要素进行了解读；对中国传统文化的学习思想进行归纳。

第二章致力于分析"为什么"进行学风建设这一问题。通过马克思主义经典作家提供的学风建设理论以及几代领导人学风理论的梳理，本章以党的学风实践探索在各个历史阶段的不同作用为启示，总结出当前学风建设的必要意义。

第三章力图揭示当前学风"怎么了"这一问题，分析当前党的学风建设面临的时代挑战，论述当前学风存在的突出问题及深刻成因。本章运用了调查问卷的形式，针对党员对学习态度、学习情况等进行研究。揭示并总结出当前党的学风在思想立场、态度、方法上的突出问题以及学风问题在心理根源上、社会根源上、文化根源上的深刻成因。

第四章和第五章探究"怎么做"的问题。根据学风建设的两大主体即党员个体和党组织，本章总结出中国共产党建设马克思主义政党学风从主体修养、理论学习与调查研究、激发学习动力、建立保障制度等方面入手，使党员思想得到内在提升和受到外在约束。

（二）创新之处

总体来看，本书的创新之处主要体现在以下两点：

1. 本书将党的学风立论在思想立场、思想路线、思想方法的高度上。当前党员的学风问题主要体现在思想立场上背离了马克思主义，割裂了理论联系实际的思想路线，体现于远离实事求是的思想方法上。然而，立场是认识问题与分析问题的出发点，是党员进行思想活动的前提也是学风建设的根基。思想立场不是抽象的，是通过思想路线与方法来体现的。因此，本书以毛泽东关于学风的论断为基点，创新地从马克思主义的思想立场、思想路线、思想方法上着手，全面剖析了学风的基本内涵。

2. 本书将党的学风观点融入学习型政党建设的论域深度上，研究当前的学风建设，在马克思主义学习型政党建设的时代背景里，在学习型政党建设的论域中进行探讨颇具新意。首先，从学习型政党建设主体出发，论证学风建设要从党员自身出发，从坚守共同理想信念、以身作则终身学习、全面学习、增强主体意识等方面展开路径分析；从党组织角度出发，探究学风建设的宏观策略。其次，将学风建设与学习型政党的思想建设、作风建设、组织建设紧密相连，从加强思想上的先进性、作风上的纯洁性、组织上的坚定性入手展开有效措施的阐述。最后，融合学习型组织兼学别样、扁平式结构、自主管理等先进模式，论述建立组织学习、规范化学习等制度保障体系。

四、研究方法与重点难点

（一）研究方法

本书的研究方法主要采用问卷调查法、文献分析法、功能分析法。

1. 问卷调查法。笔者采取问卷调查的形式，通过对不同地区的党员的有关状况进行实际调查，获取了大量的第一手资料，为深入地研究学风存在的突出问题提供了数据支持。

2. 文献分析法。笔者按照提出问题、分析问题、解决问题思路，搜集、鉴别、整理文献，对现有的党的学风方面的文献进行了系统的分析，并紧密结合我国目前实际，探讨深入开展学习型政党学风建设的有效途径。

3. 功能分析法。用社会科学来分析某种社会现象的方法可称之为功能分析法。本书把党员在学风问题上的突出表现作为社会现象，运用法学、哲学、心理学、社会学等学科知识，深入分析了当前学风问题的深刻成因。

（二）重点难点

重点一：从大量的文献资料中找到线索，对马克思主义经典作家、几代领导人关于学风理论及思想、对我党学风建设的历史经验进行梳理与概括。

重点二：从党员思想立场、思想路线、思想方法出发，找寻当前学风问题所在。

难点一：全面把握党的学风深层次、全方面的涵义，全面研究党的学风建设。

难点二：本书所需要的文献资料庞大，全面的阅读具有一定的难处，并且目前具有针对性的资料很有限。

解决这些问题的方法，首先是用时间换空间，投入大量的时间为收集、整理、归纳资料提供保障；其次是向老师、专家请教，多挖掘可借阅、查询资料的途径与方法；最后，多调查多总结，为实践写作创造有利条件。

第一章

中国共产党学风的涵义界定及其相关概念

认识的根本任务是认清事物的本质与发展规律,因此研究学风要从厘清学风的涵义入手。"学风""学习""党风""学习型政党"等相关概念丰富了党的学风的科学内涵,党的思想理论中关于学风的阐述为本研究基本要素的解析奠定了基础,中国传统文化中的学习思想为学风思想的演进提供了理性思考。

第一节　党的学风相关概念

唯物辩证法的观点告诉我们,事物不是孤立存在的。全面的研究"学风",就需要厘清与学风紧密相关的概念,并分析它们之前的联系。

一、学风与学习

"学风"在《现代汉语词典》里被这样阐述:学校的、学术界的或一般学习方面的风气。从字面上来看这一概念与学校、学术研究的学习等相关。因此,学风与学习有着紧密的联系,学风即学习的风气,反映了学习的方法、态度、风格等。学风可以通过"学习"概念的由来、学习的本义及涵义进行检验其标准与好坏。

"学"字出现于甲骨文中，最初的意义与宗教祭祀活动或者与传授和仿效活动有关，在周代它得到了演变，"学"的内容倾向于礼乐知识，而到春秋时代，由"学"衍生出"习"的内容，注重反复练习，强调实践。再发展到孔子的"学而时习之"时，"学"和"习"开始具有独立的且紧密联系的涵义，强调学习道理的同时注重"习"的作用。

"学习"在现代汉语词典中解释为："通过阅读、听讲、研究、实践等获得知识或技能的过程"①。学习是人类认识客观世界、改造客观世界的必要途径，进而再通过认识世界和改造世界来改造自身的主观世界。随着人类社会的进步与发展，学习的涵义也日渐丰富。人们通过不同的学科来对学习的含义进行不同角度地研究。社会学认为，学习是个人社会化的过程；管理学认为，学习是指个人和组织获得旧的知识，创新得到新知识的过程；心理学认为，学习是人们适应环境的方法，是由经验引起的相对持久的行为和心理变化。

无论是从历史衍变的角度还是从各学科研究的角度来看学习，都可以得出，"学习"是一个复合词，学习的主体是人，学习有很具体的客体对象，在一定的环境和条件的基础上，运用一些手段和措施来进行的活动。学习是指学习主体在一定的学习环境和条件下通过一定的学习方法作用于学习客体，从而使学习主体实现学习目标并与之反馈的过程。这些元素构成了整个学习的过程。多人在长期的学习过程中形成的一种相对稳定的学习风气和学习氛围，便是学风。

二、学风与文风、党风辨析

党的学风是思想路线的问题，反映了党的精神面貌。学风透视作风，作风折射党风。刘云山曾强调："学风与作风、文风紧密相连，也是党风的体现。"② 学风、文风、党风三者存在辩证统一的关系。

---

① 中国社会科学院语言研究所词典编辑室编.现代汉语词典［M］.北京：商务印书馆，2002：1431.
② 刘云山.谈谈端正学风［N］.学习时报，2013－4－8（5）.

毛泽东将党风视为党建的重要组成部分,提出了党风的概念。1941年9月,毛泽东在《反对主观主义和宗派主义》一文中首次提出了"党风"的概念。他在《整顿党的作风》中阐述了学风和文风都是党的作风,继而提出了"学风"和"文风"的概念。党风通常是指狭义上的概念,即党的作风;广义上讲是在政治、思想、组织、工作、生活等方面体现党性原则的一贯的态度和行为,为包括学风与文风在内的党风。

学风不仅是党风内容的重要组成部分,同时也是党风的显著标志。党风包括思想作风、政治作风、组织作风、工作作风等。党的学风属于党风的思想作风范畴,在党风中起到基础性作用。党风的好坏,决定着党的事业的兴衰,党风的性质体现在对待马列主义、对待人民利益和个人利益、对待方针政策制度、对待错误与曲折的态度等。前文阐述了学风就是思想态度问题,包括对待马列主义态度的同时,也包括了上述的其他的全部思想态度内容。中国共产党在90多年的革命、改革历程中,秉承着理论联系实际、艰苦奋斗、谦虚谨慎等优良作风。其中理论联系实际是党风中的首要因素也是党的学风的核心。唯有端正学风,坚持理论与实际的统一,才能发挥马克思主义的指导作用,才能形成党的优良作风。如果不能将理论很好地联系实际,就不能有效地运用科学理论去解决人民的问题,不能把辩证唯物主义与历史唯物主义的观点同实际的工作方法相结合。党的优良作风,不能脱离对待马列主义的正确态度,也便不能脱离开优良的学风。

文风简单来说,是通过文章来体现思想作风,具有时代性和民族性。文风是学风、党风的窗口。学以致用、学以为民也是改进文风的落脚点。同时坚持理论联系实际、把马列主义与中国实际相结合起来也是良好文风的必要条件。优良的文风必须以端正的学风为基础,好的文风借助于文章和语言来反映出党员的素质与修养,体现了党员的世界观、人生观和价值观,"立言者必先立身"。同时,好的文风也来源于好的学风,唯有通过学习,通过积累与不断实践,才能为文思泉涌,为良好文风的形成提供可能。马克思主义文风必须遵循实事求是、求真务实的科学态度,遵循理论联系实际的学风核心。中国共产党是将马列主义作为指导思想,坚持跟错误的思潮和文化做斗争,始终坚持马克思主义学风与文风的统一。两者都是力图科学地学习和运用马列主义，用先进的理论去解决中国的实际问题，发挥文化思想武装全党的作用，培养创新性和预见性，不断地使党员拥有坚定立场和信念。

总之，学风纯则文风正，文风正则党风好。因此党的学风建设与文风、党风建设不可分割，且一荣俱荣一损俱损。

三、学风与学习型政党、马克思主义学习型政党辨析

政党是一种具有特定价值理念和政治目标的特殊组织形式。建设学习型政党，应该汲取学习型组织理论的精髓。学习型组织理论起源于西方，从1965年到20世纪90年代，从提出概念到发展成为成熟的理论历时30多年。值得一提的是麻省理工学院教授彼得·圣吉（Peter M. Senge），提出的"五项修炼"是学习型组织理论的代表之作，也是其理论成熟的象征。他山之石可以攻玉，将学习型政党概念引入党建中，是中国共产党先进性的具体体现。当前，弄清学风、学习型政党、马克思主义学习型政党三者的联系，有利于体现学风建设的时代性、科学性。

（一）学习型政党的涵义

不同的学者从不同的研究视角对学习型政党进行理解和阐释。一种观点是学习型政党的优越性在于不断创新，如学者戴焰军在《建设马克思主义学习型政党》书中指出，学习型政党是依靠学习掌握新思想、获取新知识的政党；一种观点是学习型政党是有别于其他政党的显著特点的政党。如学者于景森在《学习型政党研究》一书中提到，学习型政党是使党员本体化、组织扁平化、学习实践化、思考系统化、创新常态化的政党；还有一种阐述是学习型政党是将学习形成一种体系的政党，如蒋仁勇教授在《建设马克思学习型政党内涵探析》中提出，学习型政党指的是一种善于学习创新的组织发展模式或机制。综合多位知名学者对其定义的理解，笔者将学习型政党的内涵总结为所有党员采取一些具体的措施来激发自己的学习动力、扩展学习内容和创新学习方法，从而培养自学的能力，并且提高

自身的学习能力,保持创造性思维,形成一个优秀的政党组织。

(二) 马克思主义学习型政党的涵义

中共十七届四中全会提出,"把建设马克思主义学习型政党作为重大而紧迫的战略任务抓紧抓好"①。首次在学习型政党前加入"马克思主义",是科学借鉴"学习型组织"等先进理论形成的正确命题,这表明了我党建设马克思主义学习型政党的自觉性和坚定性。综合多位学者从不同角度对此概念的阐述,笔者认为如下阐释中国化的马克思主义学习型政党能体现出它的科学内涵:以坚持学习型政党的一般特性和要求为前提,以马克思主义理论为指导思想,以谋求广大人民群众利益为己任,以中国深化改革实践探索为依托,以传统文化为底蕴提升全体党员的综合能力,充分发挥其独特优势来提升组织的生命力。

(三) 三者关系辨析

学风建设是改进学习方法,以新的学习为基础和动力,变革原有的学习理念与行为,将新的学习要素注入马克思主义学习型政党当中,增强所有党员和基层党组织适应快速变化的社会环境的能力,从而提高政党的执政能力,实现国家强盛的目标。当前的学风建设必须放到马克思主义学习型政党建设中来,我们弄清两者的联系并重视相互之间的作用。

首先,学风是建设马克思主义学习型政党的重要支柱。学风建设是马克思主义学习型政党建设的基本要素,是其重要的支柱力量。正是党90多年来在不同时期不断地进行学风建设,才能提出建设马克思主义学习型政党的战略任务。如果一个政党没有把重视学习作为党的优良传统,没有将党的优良学风进行继承与发扬,就不可能建成以终身学习为特点的学习型政党。中国共产党从建党之初注重学习理念的提出,到将学风科学定义、形成学风建设框架,到将学风建设与党的革命、党的建设紧密联系在一起,推进党的伟大事业的发展与创新,才有今天全面建设马克思主义学习型政

---

① 中共中央关于加强和改进新形势下党的建设若干重大问题的决定 [M]. 北京:人民出版社,2009:10.

党的美好局面，才有将学习成为一种生活状态，将创新作为学习动力，用新的知识和新的方法去武装全党，让学习成为政党永葆青春的一种基本存在状态。

其次，构建学习型政党是优化党的学风的必然选择。习近平同志出席中央党校2009年春季开学典礼的讲话时指出，当前领导干部学习情况并不乐观，主要有四方面的问题即不好读书、不勤读书、不善读书、学用脱节。教条主义、形式主义、官僚主义等问题严重地削弱了党的创造力、凝聚力、战斗力，要改变这种局面，纠正错误思想，整顿学风，就需要引入学习型政党建设的思想，利用系统思维去避免学习上一知半解，用创新思维去纠正不良学风的三大主义，用终身学习思想去克服懒于学习的习惯，以组织建设的方式去改变党员学习的思想意识……世情、国情、党情的变化使学风面临新情况和新形势，我们必须建设马克思主义学习型政党，通过这一新型的组织与环境间的相互作用，达成组织成员即党员的高效学习与成长。由此可见，创建学习型政党既是现代性的变迁对中国共产党发展的外在要求，也是中国共产党主动适应现代化发展、改变传统的思维方式和学习方式、推动马克思主义政党发展的战略选择。中国共产党率先提出了"创建学习型政党"，这是中国乃至世界政党政治发展中的重大创新。这使原有的学风建设更具有系统性、适应性和合理性。

党的学风建设的主体表现为党员个体与党组织，标志体现为思想上的高尚性、政治上的坚定性、组织上的纯洁性。而党的学风建设的重点将始终围绕学风基本要素展开。

第二节 党的学风的基本内涵

当"学习"由泛指转为特指，指向阶级、政党的思想武装和理论指导等问题时，学风概念就被赋予了新的涵义，衍化出新的意蕴。中国共产党于1942年把学风概念用在党的建设上，毛泽东在《整顿党的作风》报告中作了深刻的阐述："所谓学风，不但是学校的学风，而且是全党的学风。学风问题是领导机关、全体干部、全体党员的思想方法问题,是我们对待马克思列宁主义的态度问题,是全党同志的工作态度问题。"① 本书研究的学风是指党的学风,是以毛泽东的论断为依据,结合多位领导人对其概念丰富的内容,从三个方面展开对党的学风基本内涵的阐述。

一、学风的基础——思想立场

立场是开展思想活动的第一个要素,是基础性的条件,决定着看问题的角度、思考问题的方向、对知识与信息的取舍标准。思想立场是认识问题与分析问题的前提,在《辞海》中被解释为观察事物、认识问题的出发点和由此所持的态度。从立场的概念可以看出,态度表明立场,立场决定态度。对学习的态度、对马克思主义的态度,就是立场的一种展现。毛泽东1942年对学风概念的阐释中虽然没有直接指出学风问题就是思想立场问题,但从揭示学风问题是思想态度问题中得出结论。刘云山也在《谈谈端正学风》中指出,学风体现立场。因此思想立场代表着思想态度,是党的学风的基本要素,是党始终坚持把理论联系实践作为学风要义的认识基础。

(一) 学风代表着思想立场,思想立场是学风的基本内涵

刘少奇曾指出,党员拥有了坚定的无产阶级立场,才能彻底了解和真正掌握马克思主义理论与方法。不能掌握马克思主义的理论与方法就不能坚持马克思主义的学风,因此学风代表着思想立场,思想立场是学风的基本内涵。

一般认为,立场是哲学和政治概念,思想立场主要包括哲学立场和政治立场。学风所解决的是书本与现实、理论与实践的关系,归根结底是围绕物质与意识关系展开的。可以说,实事求是的学风代表着唯物主义的哲学立场。它注重理论与理论指导实践的巨大作用,再用实践活动去证明、检验和发展理论,习惯运用调查研究的方式,想问题做事情从实际出发。

---

① 毛泽东选集(第3卷)[M]. 北京:人民出版社,1991:813.

教条主义学风代表着唯心主义的哲学立场。它只认书本与理论，处理事情解决问题只依靠自己掌握的理论，不以实际为出发点，不以实践活动为基础，这种学风是主观主义的表现，是延安整风时期集中力量批判的学风形式。不难看出，学风体现着党员的哲学立场，持有正确的哲学立场，才可能树立和坚持正确的学风。

政治立场又称阶级立场，中国共产党的政治立场是鲜明的，即坚持马克思主义立场。坚持马克思主义立场，就是站在无产阶级和劳动人民的立场上，在想问题找办法时坚持马克思主义理论，并以国家、民族和人民利益为出发点，时刻自觉地维护党和国家、民族、社会的利益，坚持马克思主义学风。我党曾出现过政治立场上的"左"倾主义和右倾主义问题。"左"倾主义的出现是由于党对马克思主义理论准备不足，党对中国的历史情况和社会情况了解不够，其实质就是不能将科学的理论与具体实践很好地结合。党的历史中所犯的三次"左"倾错误，是由于采用了盲目地学习共产国际和他国经验，夸大或过高估计革命力量，错误地判断国内情况，实质上是脱离实际导致的。可以说，经验主义学风使党内出现了"左"倾错误的政治立场。我党的右倾错误是在革命时出现的，它否定了马克思主义基本原理，放弃了党的原则，牺牲了人民利益，丢弃了共产党人的理想与信念。毛泽东曾总结说，机会主义就是哪里有利去哪里，在思想上是保守主义，行动上是逃跑主义。它的主要问题是出现在政治思想上，认识落后于实际，不能随着事物的发展而转换思想，违背客观发展规律。

在当前的复杂形势下，我们也要提防"哪里有利去哪里"的个人主义思想。习近平指出："在任何情况下，每位共产党员都要做到政治信仰不变、政治立场不移、政治方向不偏"①。坚持了马克思主义立场，就会有正确的哲学和政治立场，就会把握住学风的正确方向。

（二）学风体现着世界观，世界观制约着学风

立场等价于利益，人们的思想观点既是利益的表现，又支持着自己的

---

① 习近平. 在十八届中央纪委二次全会上发表的重要讲话［N］. 人民日报，2013-01-23（1）.

立场。所以说世界观是立场的内在本质,立场是世界观的外在表现。

世界观是在人们实践活动中形成的,是关于世界是什么、怎么样等问题的总的看法。世界观从人们平时看事物、做事情中反映出来。人们处理事情、解决问题能折射出一个人的世界观。从立场的概念可以看出态度表明立场,立场决定态度。对学习的态度、对马克思主义的态度,就是世界观的一种展现。学风是指学习的风气,是怎么看待马克思主义的态度问题,在"如何学习""怎样对待"中,体现着人们对理论、对实践、对事物、对知识的基本观点。换言之,学风代表着人对客观存在的物质世界、对世界上各种事物相互联系的基本观点,即学风体现着人的世界观。

学风体现世界观的同时,世界观也制约着学风。"世界观最核心的内容是关于世界本质及存在方式的观点。"[①] 世界本质的分歧,在于是物质还是意识的争论,将物质放在第一位,人们学习、工作的态度则是物质决定世界,善于从实际出发,将意识放入到具体实践中去检验并运用。认为世界是意识的,那么人们学习、工作的态度则是以意识为出发和转移,以主观愿望来分辨是非对错。人们对世界存在方式的分析,在于认为世界是孤立的还是联系的。承认世界是普遍联系与永恒发展的,对学习、工作的态度就会尊重事物的内在联系与发展规律,将理论、知识、事物联系实际;认为世界是孤立存在的,那么对学习和工作的态度就会出现主观主义和个人主义思想。因此,世界观支配和制约人的思想和行动,影响着人们学习、工作的态度,制约着党的学风。

世界观是人们关于世界的根本观点,有什么样的世界观,就有什么样的学风。马克思主义学风是正确的学风,因为它是以科学的世界观和方法论为思想基础的,错误的学风根源在于世界观和方法论的错误。因此,只有用马克思主义世界观武装头脑,才能坚持马克思主义学风。

拥有坚定的思想立场,党员的思想方向才不会偏,思想眼界才会宽广,思想才有高度,学习才会有正确的动机,才能抵制各种腐朽的思想,永葆共产党人的本色。中国共产党建党90多年来,一直坚守的是人民大众的立

---

① 李新泰.马克思主义学风论[M].北京:中共中央党校出版社,2001:205.

场，是中国特色社会主义理论体系的立场。这就告诉我们，党的学风建设就是为了站在人民的立场上，保持理论联系实践的态度，学习和研究能为人民为社会解决问题的方法。

二、学风的实质——思想路线

态度是行动的前提，受价值观的指导，是为人处世的基本原则。思想路线是指人们认识所遵循的方向、途径、原则和方法，即所秉持的思想态度。一个政党的思想路线，指的是这个政党确定自己的指导思想并支配自己行动的认识路线，其形成源于政党对自己指导思想的态度。学风的实质是思想路线，一是因为学风能够展现出我们对待马克思主义的态度，也就是党的思想路线所要求的态度；二是因为学风的要义是理论联系实际，恰恰就是党的思想路线的基本内容。

（一）学风问题是源于思想态度的思想路线问题

毛泽东早在大半个世纪以前，就深刻指出学风是思想态度的观点，"学风是……我们对待马克思列宁主义的态度问题，是全党同志的工作态度问题"。对待马列主义的态度还是对待工作的态度，就是理解与运用马克思主义的态度，因此可以归结为对待理论与实践的思想态度，具体地说是全党对待马列主义的态度以及对理论联系实际的态度。

1. 学风问题是对待马列主义的态度问题

对事物、对科学的观点影响人们的思想与态度，决定着学风。因此，党的学风就要看它对理论的态度。党的学风，体现了无产阶级政党对马克思主义所持的观点与看法，故通常被称为马克思主义学风。马克思主义学风的第一要义是正确对待马列主义。毛泽东在延安整风时就指出，学风问题是对待马克思主义的态度问题，集中表现在学不学、信不信、用不用以及怎样学、怎样信、怎样用。自马克思主义诞生至今，在对待马克思主义的态度的问题上存在分歧与争议。理论联系实际的态度与教条主义是根本对立的。毛泽东把两种态度高度提炼为：一种是实事求是的态度；一种是主观主义反科学的态度。正确的态度就是坚持马克思主义是发展的科学,反对"过时论""无用论",把它作为行动的指南,并全面地掌握马克思主义。如果不基于这个出发点,党的学风就会失去根基。

2. 学风问题是对待理论联系实际的态度问题

马克思主义学风是注重将理论运用到实践的学风。毛泽东曾指出,"这种态度,就是理论和实际统一的马克思列宁主义的作风"[①]。处理好理论与实际的关系,就是有目的学习和研究马列主义,使所学所研有归属地运用到中国的革命、改革中去,为解决实实在在的问题找到方法。是否具有理论联系实际、实事求是的科学态度,是考验党员党性的标准,体现着理论与实际统一的党风,也是党的学风问题的关键。现如今,出现了推崇西方国家理论与思想的现象,并将之生搬硬套地联系到现实生活与工作中,甚至按照他国的制度和政策,不加分析和调查地硬塞到中国的现实问题的解决方案中,脱离中国实际现状去寻求解决问题的答案,这是徒劳的也是毫无意义的,也是我们应该批判的学风。

从思想态度的角度而言,科学的学风要求我们不能教条地看待马克思主义。我们学习马克思主义,既要精通它又要懂得将科学的理论与具体实际相结合。这种科学的态度,正是党的思想路线所要求的。我们树立和秉持这样的态度,就能很好地坚持党的思想路线,就能保持优良的学风,党的事业就会顺利并取得成功;我们背离了这种态度,就会违背党的思想路线的要求,就会形成不正的学风,党的事业就会遭受挫折和损失。

(二) 学风与思想路线具有统一的本质要求

党的正确学风就是马克思主义学风,是坚持马克思主义世界观的必然结果,也是无产阶级政党思想路线的必然要求。党的十一届三中全会公报明确指出,马克思主义学风即辩证唯物主义的思想路线。

党的思想路线,是政党认识世界并改造世界所遵循的基本原则。党实事求是的思想路线,是取得革命胜利和社会发展的法宝。新中国立国之后,

---

① 毛泽东选集(第4卷)[M]. 北京:人民出版社,1991:801.

我们曾走过弯路,丢弃了实事求是的思想路线,党和国家遭受了重大损失。十一届三中全会开始,这条思想路线得到恢复,同时在此基础上加以丰富形成党的指导方针即"解放思想"。马克思主义学风强调以实事求是的科学态度对待马克思主义,与党的思想路线本质相同,其要义就是理论联系实际,根本问题都是如何正确认识、处理理论与实践的关系。"解放思想、实事求是",在不同的历史时期具有不同的要求和内涵,是永无止境的发展轨迹,弘扬马克思主义学风、坚持党的思想路线,最终目的都是将马克思主义理论与社会主义实践不断推向前进,使党具有旺盛的生命力。

弘扬马克思主义的学风就是坚持理论联系实际,与坚持实事求是的思想路线是根本一致的。只有贯彻和执行实事求是的思想路线,才能够坚持和弘扬马克思主义学风;不坚持和弘扬马克思主义学风,就不能贯彻和执行党的实事求是的思想路线。因此,无论是从学风的角度看,还是从思想路线的角度看,解放思想、实事求是是它们的共同需求,理论联系实际是两者共有的本质要求。

三、学风的核心——思想方法

思想方法是人类思维活动的遥控器,是控制实践活动的思想原点。《整顿党的作风》直接剖析出学风问题是全体党员的思想方法问题。要学习,就必须要有好的方法。毛泽东曾说过:"我们的任务是过河,但没有桥或者没有船就不能过。不能解决桥或船的问题,过河就是一句空话。"[①] 船和桥的问题,就是方法问题,方法的对错好坏,直接影响学习的效果,影响到学风,进而影响到党员的认识与实践活动。

党的思想方法就是正确认识世界、改造世界的思想方法,是党员做事情的思想基础,在带领群众进行实践活动中起到重要作用。毛泽东同志一直强调要坚持正确的思想方法,即坚持实事求是,从实际出发,理论联系实际。没有这种正确的思想方法,就不能形成良好的学习风气,不能科学

---

① 毛泽东选集(第3卷)[M]. 北京:人民出版社,1991:268.

地指导实践。改良思想方法是学风建设的主旨所在。著名的延安整风运动，本质上就是一次从思想方法入手，目的在于提高全党马克思主义理论水平的马克思主义思想教育运动。毛泽东在1941年指出，学习理论要"以研究思想方法为主"①。他提出合理地运用马克思主义思想方法解决中国现实的问题。邓小平也在重塑实事求是的学风之际，要求党员把按照实际情况决定工作方针作为基本的思想方法。学风建设解决的是学什么，怎么学的问题，思想方法则是解决怎么学怎么用的方法论，马克思主义学风就是将思想方法作为解决问题的认识工具。

调查研究是马克思主义进行认识的一种方法，是指对实际的客观情况进行实地调研和认真研究，是我党良好的思想方法和工作方法的具体体现。共产党员应始终坚持且必须坚持这种重要方法，因为它是实现正确领导、保证决策先进的前提，也是培养优良学风的重要渠道。历史经验证明，在工作中坚持调查研究，让事实做主，就能够正确估量和分析形势，得到合理的政策、路线和方针，从而保证革命向着正确的方向发展。毛泽东自始至终都十分注重调查研究。他认为，调查研究是实现马克思主义与中国的具体实际相结合的根本方法，是联系理论与实践的纽带，是反主观主义的最重要的武器，是马克思主义学风的根本工具。刘云山同志曾指出，要认真总结经验，深入调查研究。调查研究中最有效并直接的方法和途径就是总结研究。习近平同志2011年11月就调查研究进行的讲话中对调查研究的必要意义、调查研究的有效方法、保障调查研究的措施等进行了全面阐述。调查研究活动是通过科学的反馈，对党组织学习的过程和效果做出实事求是的分析与判断，得出定量或定性的结果，从而不断推进学习型党组织建设的调整与优化。

只有通过调查研究，才能准确地、客观地获得第一手材料，对客观的具体情况和形势进行分析，用科学的方法展开研究，从中得出正确的结论，用于指导实践。因此，采用调查研究这样的方法才会使理论和实际联系起来，从而形成良好的学风。同样，也唯有弘扬良好学风，才能使全体党员

---

① 毛泽东选集（第2卷）[M]．北京：人民出版社，1991：533．

自发地树立起实践为重的观点,切实地不走形式地把科学的方法运用到实处。

总而言之,党的学风建设就是要确保党员站在正确的立场上,持有正确的态度去看待问题,并要依靠正确的方法去解决问题。

第三节　学风与传统文化中学习思想的滋养

中国传统文化是值得我们传承的精神财富,其思想核心之一是修身克己,强调提高自身的文化素质,完善自我克服自身的不足。历代的思想家、哲学家以及儒家、道家等对个人如何修身进行了探讨,尽管各有不同,但都为其提供了具体的方法,主要都是需要通过"学习"来达成。因此,他们对学习态度、内容、目标和方法等问题进行了探讨和阐述,中国传统学习思想推动了学习理论的创新与发展,是中国共产党学习理论的根基,我们必须原始察终。

一、学习态度勤学重道

中国传统学习思想中,最核心的内容和最根本的学习态度是毋庸置疑的,即要注重学习,寻找规律。

(一) 知行结合

知行观不仅是中国传统文化中关于学习的重要思想,也是人们思想态度的一种直接反映。孔子在《论语》有言:"学而时习之,不亦乐乎",提出了学与习、知与行关系这一命题。孔子将知行紧密结合,较之更注重习的作用。《鲁论》有二十篇都是在讲习的问题和重要。宋儒朱熹的知行观主张理与行并重,但跟马克思主义的理论来自于实践的观点还是有出入的。他认为,理在先行在后,即"欲知而未明于理,则所践履者,又未知其果何事也",观点鲜明地指出学习在于实践,只懂得道理不去实践,学与不学没有大的差别。但如果去实践却不明白其中的道理,实践也失去意义。明代思想家王守仁是"知行合一"的创始人,他的理念认为两者存在相互依存的关系。但是由于他的知行观是在他的"心即理"唯心思想上成立的,而科学的知行观应是建立在唯物主义基础上的认识与实践的统一。然而中国古代学习思想中知行观上也有正确的阐述:汉代王充的"不目见口问,不能尽知"①,揭示了直接经验比间接经验更可靠的理念;颜元历经了明清换代学风空疏,他不断反思并感慨:"思不如学,学必以习";思想家王夫之有"行而后知有道,道犹路也"。他们是站在唯物论的基础上,强调人的主观能动性,注重实践的作用。中国传统学习思想中的知行观,在各个历史时期影响着学风,同时也对人的思想态度影响深远。

(二) 勤奋自主

古代教育学家注重培养学生的勤学意识。孔子主张"敏而好学""学而时习之",表明了要有勤奋的学习态度。《颜氏家训·勉学篇》的主旨在于劝服人们勤勉于学,"自古明王圣帝,犹须勤学,况凡庶乎",唯有勤奋,才能学有所成。韩愈的"业精于勤荒于嬉",论述了勤奋与学业的关系,勤奋是学习最为基本的态度。

传统的学习思想中对于学习的主动性体现在强调"志学""好学"与"乐学"上。我国历代的教育家都致力于强化"志学"思想。"志"表示一种意愿,强调主动性。孔子的"志于学""志于道",要求学生主动学习,树立学习目标,鼓励他们要立志于学习。学习的主动性是学习主体的学习动力的根本来源,是保证学习顺利进行与取得预期效果的先决条件。

"好学"是指以学习为乐趣,爱好学习。孔子认为"知之者不如好之者",他不断鼓励学生要"学而不厌",要富有好学的精神。汉代杨雄为好学提供了有效学习的方式,"学以治之,思以精之,朋友以磨之,名誉以崇之,不倦以终之。可谓好学也已矣"②。学习者需要依靠学习来获得知识,凭借着思考来精通学问,通过与朋友的研究来共同提高,用荣誉来激发学

---

① 《论衡选注》小组. 论衡选注 [M]. 北京:北京人民出版社,1976:22.
② 韩敬. 法言 [M]. 北京:中华书局,2012:121.

习动力,依靠恒久的学习来达到学习目的。他这一席话为当前学风的制度建设提供了宝贵的指导作用。

学习的主动性是有心理根源和情感因素的,心理上愿意学是因为情感上的乐于学。孔子是最早提出"乐学"的教育家,"好之者不如乐之者"、"学而时习之,不亦说乎"是耳熟能详的古语。《吕氏春秋》从心理上对乐学进行了分析,"人之情不能乐其所不安,不能得于其所不乐……反诸人情,则得所以劝学"①。这阐明如果学习者能把学习真正地成为一种兴趣,一种爱好,必定会在学习上获得很多的收获。汉代刘安认为,将学习作为一种兴趣,是实实在在的快乐。他在《淮南子·缪称训》详尽地论述出追求感官物质刺激带来的快乐是很短暂的,而依靠学习得到的快乐,是心灵上的精神愉悦,是有恒久意义的。古代的乐学思想影响至今,很多教育学家都致力于推行兴趣教育法,来达到教育的目的。

(三)终身学习

终身学习是西方学习型组织理论的一个标志性要素,其实在我国的古语中早有体现,"活到老,学到老"、"学如逆水行舟,不进则退"。孔子是终身学习的典范,被王充称为"圣人之好学,且死不朽","学而不厌"等典故告诉我们,孔子身体力行的坚持终身学习理念。春秋时期的乐师师旷,也是终身学习理念的践行者,他以精湛的琴艺,博学多才,"师旷之聪"闻名于世。晋平公曾问他:"吾年七十,欲学,恐已暮矣",师旷答道:"何不炳烛乎"。荀子的《劝学》开头就提出"学不可以已",保持一直学习的精神状态,是一种正确的学习态度。历代有终身学习思想的代表人物数不胜数,如庄子有言:"吾生也有涯,而知也无涯"讲述到人生命结束的时候也畅游不完浩瀚无边的知识海洋。可见,终身学习的思想是中华民族的传统美德。

(四)注重规律

重道是中国传统文化的主要特征,"道"是知识中最高的学问,孔子甚

---

① 许维遹.吕氏春秋集释[M].北京:中华书局,2009:251.

至这样的形容"朝闻道,夕死可矣",揭示道是学习追求的终极目标。重道还体现在儒家经典著作四书五经中。四书五经为儒家传道授业的基本教材。孟子的"尽信书不如无书",是说只通过书本得到的知识,不加以实践证明,是远远不够的,知识不是一成不变的,需要随着环境和时间的变化不断更新,这是让我们去通过实践活动,去掌握真实的规律,在重道的前提下进行创新。

二、学习目标贤哲治国

(一)德育素养

纵观中国学习思想史,不少明智之士认为学习的目的是增加素养、修缮品德。学习在人格塑造和修养提升方面的作用功不可没。在人性问题上,孟子和荀子的观点截然不同。孟子认为"人性本善",学习的目的是保持这种品性并扩充它;而荀子认为"人性本恶",唯有依靠学习增长学识,重新通过学习实践活动,才能成为贤人和圣人。虽然在人性上他们有不同观点,但是对于学习的目的这一归结点上他们的意见达到了一致。"教之然后善""君子不学,不成其德"是董仲舒认为通过学习来实现修缮品德的个人价值。王夫之提出的"学为成人之道"是说依靠学习来修缮品德,成为仁义之人,在学习目的是德育与素质提升的观点上,与张载的"为学大益,在自能变化气质"达成了一致。他们都在揭示学习的主旨,即通过学习古代圣贤之道,来完善自我人格,提高道德修养。

(二)仁政治国

从先秦儒家思想发展到宋明清的学习思想理念,强调学习对个人品德修养的重要性延展到学习会有助于社会的发展民族的进步。思想家、教育家们提出学习的目的是培养有志之士,秉承仁政之义,有助于协力国家。正如《中庸》所云:"知所以修身,则知所以治人,知所以治人,则知所以治天下、国家矣"。人们希望通过学习使人心向善,练就解决现实问题,服务于社会、治国安邦的本领，实现"仁政德治"的理想。这便是《学记》所谓"建国君民，教学为先"的真正内涵，提倡"修身、齐家、治国、平天下"的科学理念。

学习的目的是为了符合社会的需要，学习的知识必须能为社会效力。思想家王夫之面对清朝的满目疮痍，劝服知识分子要"严守贞操、学以致用"。孔子在《论语》中认为"学而优则仕"，学习方面最突出的人即可做官，这一思想影射到现在，学习和考试的成绩作为党的干部的选拔和考核的重要标准，可见它的意义影响深远。荀子讲："学者非必为仕，仕者必为学"，指明了通过学习可能会做官，做官了就必须很会学习。这个理念激发了当前党员干部学习的忧患意识，对党员干部思想是否具有先进性进行了警示。

三、学习内容礼乐人文

中国传统文化是伦理政治型的文化，学习的价值观也受传统文化的制约。中国传统的学习内容受儒家思想的影响，主要包括"四教""四书""五经""六艺"。这些内容，成为历代科举选仕中考试命题的重要部分，他们是为官从政之道、为人处事之道重要的考核标准。墨家思想强调实践活动，重视科技和生活技能的作用；道家却对此排斥。这都改变不了重人文轻科技的主潮流思想，这也是清朝科学技术水平远远落后的主要原因。

伦理道德方面，中国传统文化中关于孟子提出的"四心"即恻隐之心、羞丑之心、辞让之心、是非之心和"四端"，认为"四端"若能持有，便"皆可为尧舜"。"四端"中"忠"和"义"也阐明学习的重要内容是伦理道德方面的。汉代董仲舒推崇"独尊儒术"，认为只有三纲五常等伦理道德规范才是知识。人文技艺方面，儒家思想所奠基的以人文社科知识为主的学习内容体系，一直影响到明清。"六艺"即礼、乐、射、御、书、数。无论是儒家经典著作五经还是在东汉时期在此基础上丰富成十二经，都主要阐述六艺方面的内容。其中，"五经"即《诗》《书》《礼》《易》《春秋》，被作为太学的内容，是为官必学的教材，可见人文技艺方面的知识在古代占有重要的位置。文化科学方面，随着社会的发展人类实践活动的深入，一些教育家们试图将学习内容有所丰富，如南朝教育家颜之推指出，知识包括历史、语言、伦理、天文、数学等方面的方法内容。元代教育家程端礼也提出知识的全面性，包括文化科学的所有方面。可见，时代在变化，人类为了适应变化就需要不断地调整思想。当前，不管是为官还是普通党员，更要注意学习的全面性。

四、学习方法博约慎思

中国历代的治学大师都致力于总结学习经验，研究科学的学习方法。学习方法大致可归纳为系统法和思辨法等。这些经验和方法对当前党的学风建设颇具影响力。

（一）系统全面地学会学习

传统学习思想中主张多闻多见多质疑，孔子十分主张"多闻多见"的学习方式。"闻"是指获取间接经验和书本上的知识，"见"是指直接经验和亲身实践。孔子教育理念中第一个内容便是广读书，通过大量的阅读获取知识。孔子的"博约结合"、韩愈的"学广闻多"，倡导学者要全面系统地学习知识。孔子还培养学生的质疑能力，要求他们学习的时候多问几个为什么。宋代张载也有"学则须疑"之说。疑，是思考的结果，也会激发学习者去亲身研究与实践，取得学习上的突破。明代思想家陈献章也一语道破"疑"的重要性，即"学贵知疑"①。广博而并不是毫无选择，这种学习方法行之有效。

（二）思辨方式得到不断运用

孔子是运用思辨方式去思考和学习的领路人，提出了"学思并重""举一反三"等方法。董仲舒沿用并倡导了这种学习方法，提出"含英咀华"

---

① 黄宗羲. 明儒学案［M］. 北京：商务印书馆，1929：32.

"学有创新"。全面地阐述这个学习方法的是朱熹，他指出学习法有六条，其中循序渐进、熟读精思、居敬持志，言简意赅地道出系统的、思辨的学习方式，这些方法千古流传沿用至今。近代学者胡适借鉴了西方的思辨哲学，汲取中国传统治学精华的同时，提出归纳演绎、演说辩论等学习方式。陶行知也提出了学思结合这一学习方法，将这一符合时代特点的学习方法进行推广。

（三）提出省察克治的思想方法

省察自治的思想方法源自孔子的思想，后由明代王守仁正式提出并具体阐述。"省察"，就是检查与自我反省，找出思想和行为中的问题；"克治"，指自我纠正，去掉所发现的那些思想问题。它是我党延安整风时期毛泽东提出的"批评与自我批评"方法的思想来源。这种方法在之后的整风活动中不断运用且屡试不爽，极大地发挥了自主治理与监督审查的双重作用。"见贤思齐焉，见不贤而内自省也"，孔子认为自省不是闭门思过，而是要向优秀的人学习再来回看自身的差距和不足。可见，我们学风建设中要设置典型制度的必要性，它使自省不盲目，自省更具体。王守仁在儒家原有的思想方法基础上，阐发了自己的观点，认为"省察克治一定要拔去病根，永不复起"，揭示了省察克治的紧迫性、重要性和主动性。

上述关于学习思想借鉴的内容，只是中国传统学习思想史的冰山一角，但正是这些内容，这些具有规律性的认识和理念，滋养出当前党的学风思想，不仅在过去的学习改革中被反复验证，至今其中很多的思想也都具有科学性和可借鉴性，对当前党的学风建设具有启示意义。

第二章

中国共产党学风建设的发展进程及其实践意义

中国共产党关于学风建设的理论以马克思主义经典作家的相关思想为基础,通过几代中共领导人的不断丰富与完善,为不同时期的学风建设实践提供了坚实的理论基础,对新时期学风建设具有重要的指导意义。同时,建党90多年来,党在不同时期的学风建设的实践活动,也为当前的学风建设提供了宝贵的经验。习近平强调,"在每一个重大转折时期,面对新形势新任务,我们党总是号召全党同志加强学习;而每次这样的学习热潮,都能推动党和人民事业实现大发展大进步"[①]。中国共产党学风建设的不懈探索,对当前的学风建设具有重要的实践意义。

第一节 党的学风建设的理论传承

自马克思主义诞生以来,学风问题就突出地摆在无产阶级政党面前。经过无产阶级政党领导人不懈探索与实践,学风建设思想内容日臻完善成熟。从马克思主义的世界观和方法论,到毛泽东提出理论联系实际的学风思想;从邓小平的解放思想、实事求是,到江泽民、胡锦涛的学风建设思想,再到以习近平为总书记的新一届领导人更加注重创新培育途径、更新

---

① 党的群众路线教育实践活动学习文件选编[M]. 北京:党建读物出版社,2013:96.

教育理念等等，无一不为加强学风建设奠定夯实的理论基础。

一、经典作家奠定了学风建设的理论基础

马克思、恩格斯和列宁等马克思主义经典作家虽然没有明确提出学风的概念，但在如何对待马克思主义理论的根本问题上却进行了比较详细的论述，为我们党在实践中坚持和发展马克思主义的优良学风指明了方向。

（一）树立科学观点——马克思主义是世界观和方法论

树立马克思主义学风的目的是用马克思主义观科学地解释世界、改造世界，因此只有科学地定义马克思主义从而树立起科学的马克思主义观，才能孕育出马克思主义学风。把马克思主义当作教条的理论还是当作行动的指南，是检验是否科学对待马克思主义的试金石。马克思主义经典作家高度重视这个问题，他们在不同的著作中反复告诫人们，马克思主义绝不是封闭的教条理论，它具有开放性，为人们提供了行动指南的理论体系，是科学的世界观和方法论。马克思认为理论和真理的范畴都是具体的，而非绝对的。理论的产生和发展都有赖于特定的社会历史条件，在社会历史范围外谈马克思主义，理论就会失效，就会被代替。马克思指出，他们所做的事情只是创造出理论的原理，这些原理只适用于一般。如果要使其发挥指导实践的作用只能"随时随地都要以当时的历史条件为转移"①。正是从这个意义上说，马克思是第一个真正洞悉马克思主义本身的精髓的人。

恩格斯在对待马克思主义的态度上也持此种观点。他指出："我们的优点在于，马克思的整个世界观不是教义，而是方法"②。这就要求我们先深刻理解马克思主义世界观和方法论，而绝不能宗教般的解读和教条式的运用。恩格斯晚年坚持不懈地同这种曲解做斗争。"如果不把唯物主义方法当作研究历史的指南，而把它当作现成的公式，按照它来裁剪各种历史事实，

---

① 马克思恩格斯选集（第1卷）[M].北京：人民出版社，1995：248.
② 马克思恩格斯选集（第4卷）[M].北京：人民出版社，1995：742-743.

那它就会转变为自己的对立物。"① 足以见得，恩格斯已经意识到了教条主义对马克思主义的危害。

列宁深刻地认识到，能否以科学的态度对待马克思主义是关系到革命成败的关键。因此，他始终强调马克思主义的世界观和方法论意义。列宁认为，由于各国特点不同，因此在运用马克思主义理论解决本国的实际问题时，必然会形成不同的革命的道路。这就"需要独立地探讨马克思的理论，因为它所提供的只是总的指导原理"②。这表明了列宁始终贯彻的都是马克思主义是行动指南，而不能教条地对待。他的这一思想，深刻洞见了马克思主义的精髓，不仅对于俄国革命起到了至关重要的作用，并在此指导下探索出了一条适合俄国国情的革命道路。

（二）保持正确态度——马克思主义是不断发展的理论

马克思主义学风的要义是如何对待马克思主义，这是态度问题。实践是一个不断变化的过程，理论要指导实践，就必须使理论在实践中不断地进行完善，一旦理论与实践相脱节，理论也就失去了指导行动的功效。马克思主义经典作家始终保持正确的态度，不断论证马克思主义是不断发展的理论。

恩格斯明确提出"我们的理论是发展着的理论"③。他强调马克思主义从事实出发，这是其科学性的根据。马克思主义是从不断变化的实事出发，得出的结论。恩格斯就此指出："结论若本身固定不变，若不再成为继续发展的前提，就比无用更糟糕。"④ 他认为，要学会马克思主义的世界观和方法论就必须要研究马克思主义的经典文本，领会其深刻内涵，更要注意马克思的思想的背景，将理论与理论产生时的时代条件结合起来，而不能割裂二者。认为马克思的思想在一切时代条件下都正确的认识是极端错误的。

列宁认为，马克思主义的实质在于它具有强烈的批判性和坚定的革命

---

① 马克思恩格斯选集（第4卷）[M]. 北京：人民出版社，1995：688.
② 列宁全集（第1卷）[M]. 北京：人民出版社，1984：161.
③ 马克思恩格斯选集（第4卷）[M]. 北京：人民出版社，1995：681.
④ 马克思恩格斯选集（第1卷）[M]. 北京：人民出版社，1995：511.

性，而这一切都是建立在马克思主义本身的科学性和革命性高度统一的基础之上的，这种统一决定了马克思主义能够为解决实际问题寻找到正确的立足点、提供科学的方法论，同时在此过程中理论本身能够随着实践的发展而发展。因此，马克思主义并不是一种单纯的学术理论，它的归宿在于用它来引领变革社会的实践，同时在变革的过程中不断地创新理论，使其在更广泛的意义上发挥引领作用。列宁也认为要将马克思主义理论视为一个正在进行时的理论体系，因此，必须把原理与具体的实际结合在一起加以考察。他认为，"只有不可救药的书呆子，才会单靠引证马克思关于另一历史时代的某一论述，来解决当前发生的独特而复杂的问题"①。所以说，真正的马克思主义者拥有这种面对不同的实际，在实践中因地制宜地运用马克思主义的智慧和勇气。这就是说，决不能把马克思主义的本本当作灵丹妙药去包治百病，而必须是在深刻领会马克思主义的精髓的基础上，在尊重客观实际和实践的前提下，站在马克思主义的世界观、方法论的基础上，因地制宜进行实践。马克思主义理论同一切科学理论一样，要想发挥作用必须根据其应用的条件具体说明，而不可能为各个国家和民族设定一个具体的方案，那么为自己的国家寻找符合本国国情的革命道路的艰巨任务是各个国家的马克思主义者的最重要的使命。列宁深刻指出："马克思主义的精髓，马克思主义的活的灵魂：对具体问题作具体分析。"② 列宁对马克思主义精髓的论述，也道出了马克思主义学风的核心所在。

二、毛泽东构建了学风建设理论体系

毛泽东以亲身实践和理论创造对理论联系实际学风的确立做出杰出贡献。在马克思主义党的学说发展史上，毛泽东从思想态度和思想方法等方面第一次明确阐释了"学风"的科学内涵，使全党对学风的认识提高到一个崭新的水平。他明确指出了什么是学风以及学风的重要性，初次阐述了理论与实践的关系这一学风的要义问题，还深入论述了两种学风的对立性，

---

① 马克思恩格斯选集（第1卷）[M]. 北京：人民出版社，1995：162.
② 列宁选集（第4卷）[M]. 北京：人民出版社，1995：213.

为我们创建了马克思主义学风建设的理论体系。

（一）学风建设在党的建设中具有重要作用

学风问题关系到党的兴衰和事业的成败。遵义会议以后，由于思想路线的混乱导致党的凝聚力、战斗力不强。1938年10月，毛泽东在党的六届六中全会的政治报告中指出，"共产党员应是实事求是的模范，又是具有远见卓识的模范，因为只有实事求是，才能完成确定的任务；只有远见卓识，才能不失前进的方向"①。他第一次明确指出实事求是的重要作用。毛泽东在1942年延安整风运动中强调学风是"第一重要的问题"，并在党的七大上，把学风作为三大作风之一确立下来。他从学风体现思想态度的视角分析了学风影响党的建设效果，以尊重规律的态度对待就会使党建顺利发展，以主观主义的态度对待，党建工作将会脱离群众、不切实际。"主观主义，在某些党员中浓厚地存在，这对分析政治形势和指导工作，都非常不利。"②他还从学风问题是思想方法问题的角度，指出思想方法的好坏直接决定党的事业。因此，从党的建设角度来看，学风问题事关党的事业的成功与否，必然成为我们党建中的首要问题。

（二）对马克思主义学风的内涵进行了全面的解读

本研究第一章关于学风概念的解析，就是基于毛泽东1942年在《整顿党的作风》中对党的学风概念进行的科学且全面的阐述。在这里，毛泽东从思想方法、对待马克思主义的态度和工作态度三个方面来界定学风，既是对学风功能与地位的高度概括，也是对学风内涵的科学阐释。

首先，从思想方法的角度解读了党的学风的内涵，凸显了马克思主义学风的正确性。他指出党内犯教条主义和经验主义错误的人，是因为看事物的方法为主观的、片面的，属于主观主义的思想方法。毛泽东所主张的实事求是的思想方法，是与教条主义、经验主义的思想方法相对立的。其次，从对待马克思主义的态度问题上解读党的学风，体现了中国共产党人

---

① 毛泽东选集（第2卷）[M]．北京：人民出版社，1991：522-523．
② 毛泽东选集（第1卷）[M]．北京：人民出版社，1991：91．

科学的对待马克思主义理论。毛泽东指出："马克思列宁主义并没有结束真理，而是在实践中不断地开辟认识真理的道路。"① 他主张以理论联系实际的态度对待马克思主义，在与中国实际相结合的过程中创造性地发展马克思主义。最后，从工作态度的角度解读了党的学风的内涵，有利于增强党的学风建设的针对性和实效性。他反对理论与实践相脱离的主观主义工作态度，主张在实践中改进工作态度，在尊重规律的基础上求真务实，与时俱进。

（三）首次提出学风的要义是实事求是

毛泽东在国民运动之后，就强调学风必须联系实际，后又通过《实践论》及延安整风期间的一些著作揭示了学风的要义是实事求是。

首先，始终强调要把实事求是作为出发点与根本点。毛泽东在1929年为古田会议写的决议中，尖锐地反对主观主义对党的影响。1930年，毛泽东在《反对本本主义》中提出了"没有调查，没有发言权"的科学判断，从更深层次论证了马克思主义思想路线的重要性。1937年的两篇哲学著作《实践论》《矛盾论》则论述了马克思主义认识论与辩证法的基本原理，为全党解决思想路线问题奠定了理论基础。在延安整风运动中，毛泽东先后通过《改造我们的学习》《整顿党的作风》和《反对党八股》这三篇文章，系统地论述了党的学风建设理论，标志着毛泽东的学风建设理论系统形成。通过对实事求是这一马克思主义认识论的阐述，经过毛泽东率先垂范和大力倡导，实事求是的思想逐渐深入人心，并在全党蔚然成风，在党的七大上"实事求是"作为党的思想路线终于正式确定下来，并被写入了党章。

其次，揭示了马克思主义学风的本质要求是理论联系实际。毛泽东对学风的阐释都是从理论与实践的相互关系出发展开讨论的。1937年7月毛泽东发表了《实践论》，提出了理论与实践的关系：第一，实践是理论的来源，是检验主观是否见之于客观的唯一标准。第二，理论对实践有指导作用。第三，理论与实践并非是一成不变的，而是时时都处于不断变化之中。

---

① 毛泽东选集（第1卷）[M]. 北京：人民出版社，1991：296.

1941年5月，毛泽东在《改造我们的学习》一文中进一步提出了理论和实际统一的马克思列宁主义作风。他指出在马克思列宁主义的态度下，"使马克思列宁主义的理论和中国革命的实际运动结合起来"。毛泽东提出的理论联系实际，反映了马克思主义认识论中认识和实践的辩证统一。

最后，提出了马克思主义中国化这一重大的历史命题。毛泽东是马克思主义中国化的开拓者和创始人。在建党之初，党在如何对待马克思主义的问题上没有形成深刻的认识，出现过教条主义错误。在革命陷入困境之际，毛泽东告诫全党同志不能教条地来学习马克思主义，必须实事求是地研究和解决中国的实际问题。"对于中国共产党来说，就是把学会把马克思列宁主义理论应用于中国的具体的环境"[①]，首创了将马克思主义中国化的先进理念。他根据中国国情，坚持理论联系实际的学风，创立了中国新民主主义革命理论和社会主义革命理论。这两种革命理论，是创造性地运用马克思主义基本原理，紧密地结合国际环境和中国的特殊情况，成为马克思主义中国化的革命理论，实现了新民主主义革命的胜利和向社会主义的顺利过渡。马克思主义中国化体现了中国共产党勇于理论创新的优秀品格，直接反映了马克思主义学风的优越性。

（四）对主观主义学风进行批判

我们党的学风理论起始于毛泽东，他不仅在理论上阐明了马克思主义学风的深刻内涵，而且还对错误的学风进行了分析及界定。他一直旗帜鲜明地反对主观主义、理论脱离实际、唯书唯上的唯心主义和形而上学思维方式，在倡导优良学风的同时，时刻不忘对非马克思主义思想进行批判，以期达到警醒世人的作用。他在关于学风理论的创建中，系统地论述了主观主义学风与马克思主义学风的对立性。

首先，主观主义是我们应反对的学风。毛泽东明确指出："主观主义是一种不正派的学风，它是反对马克思列宁主义的，它是和共产党不能并存的。"[②] 他还认为，实事求是和主观主义是两种水火不容的思想路线。他的

---

① 毛泽东选集（第3卷）[M]．北京：人民出版社，1991：844．
② 毛泽东选集（第5卷）[M]．北京：人民出版社，1991：352．

著作《实践论》与《矛盾论》的写作目的就是高度强调理论联系实际的思想方法,坚决反对主观主义,指出主观主义会使党员言行不一,理论与实践分离,导致学风不正。

其次,明确了主观主义学风的表现形式和解决方法。1942年,毛泽东在延安整风运动上认为我们党内存在着主观主义的两种表现形式,即经验主义和教条主义。所谓教条主义就是把马克思主义当成宗教教义式的条条框框,让人盲目崇拜,而毫无批判精神和反思精神。对于主观主义之所以产生,毛泽东从哲学层面进行了分析。他认为主观和客观在认识论中发生了断裂,理论和实践在现实层面发生了脱节,只看到了局部而忽视了全体等都是主观主义产生的原因,最根本的还是在于唯心主义和形而上学的思维方式在人们头脑中还占据着统治地位。那么应该如何彻底摒弃这种思维方式呢,毛泽东认为首要的就是大力倡导调查研究。"在全党推行调查研究的计划,是转变党的作风的基础一环。"① 不仅如此,他还认为,群众路线是克服和防治主观主义的有效手段,要在尊重群众、倾听群众中摒弃主观主义的思维方式。由于我们长期受到各种思潮的影响,同主观主义的斗争并非是一蹴而就的,而是一个长期的过程,因此,反对主观主义是一个常新的问题。

三、邓小平创建了学风建设的新格局

党的十一届三中全会后,全党开始摆脱"文化大革命"的错误路线。邓小平的学风理论继承了毛泽东思想关于学风理论的成果,并做了极大的创新。在我党的学风建设过程起到了承前启后的作用,开创了学风建设的新局面。

(一) 重新恢复了党的思想路线并做创新阐释

邓小平认为,我国社会主义探索的失误,尤其是十年文革所犯的"左"

---

① 毛泽东选集(第3卷)[M]. 北京:人民出版社,1991:802.

的错误，根源在于毛泽东晚年片面强调解放思想，而忽视了实事求是。解放思想与实事求是没有很好地结合在一起，那么就必然导致人们单纯注重人的主观因素，忽略了对事物客观规律的把握，这就会导致理论与实际相脱离，不仅达不到改造世界的目的，反而阻碍了社会的进步。因此，邓小平在继承了毛泽东的实事求是的思想的同时，重新界定了解放思想的深刻内涵，并将其与实事求是紧密结合起来，从两者的辩证关系中深入论述党的思想路线。首先，揭示解放思想与实事求是的统一性。解放思想与实事求是是一体两面，两者缺一不可。客观事物并不是一成不变的，因此，随着事物的变化人的认识也不断变化，变化的过程其实就是实事求是。要实现这个过程就必须要不断地解放思想，开动脑筋，不断探索。邓小平说："只有解放思想，坚持实事求是，一切从实际出发，理论联系实际，我们的社会主义现代化建设才能顺利进行，我们党的马列主义、毛泽东思想的理论也才能顺利发展。"① 邓小平将解放思想纳入党的指导方针，与实事求是并重，对思想路线的阐释上强调了两者的统一性，成为他学风思想的精髓。

其次，将实践标准是党的思想路线的具体解读。实践是马克思主义的逻辑起点，是马克思主义哲学的核心概念。长时间以来，无论是国内的学术界还是党的领导人，虽然就实践做过很多论述，但并没有将其重视起来，更没有将实践标准纳入到党的思想路线中，这就会导致我们在评判事物的过程中，往往以现有的、经验性的、文本的结论作为评价标准，这就在形式上又陷入了主观主义的藩篱之中，禁锢了人们的思想，脱离了实践。而把实践标准纳入到党的思想路线中，就是通过实践去检验，通过解放思想、实事求是而得来的认识，根据检验的结果再对事物的认识进行修正，进而指导新的实践。从这个意义上说，实践标准实质就是对实事求是思想路线的具体解读，为改革开放奠定了思想基础。

（二）重新强调理论联系实际的马克思主义学风

邓小平历来强调理论联系实际，认为这是培育党的优良学风的关键

---

① 邓小平文选（第2卷）[M]. 北京：人民出版社，1994：153.

点。理论联系实际首要的问题是如何对待理论的问题。邓小平旗帜鲜明地指出,坚持马克思列宁主义、毛泽东思想并不等于教条式地背诵"本本",而是"学马列要精,要管用的"。也就是要做到理论联系实际,从我国社会主义初级阶段的基本国情、从我们目前在发展过程中所面临的情况出发,学习就是要带有目的的学习,运用就是要联系实际去用。邓小平指出要深刻领会马克思主义的精髓,而不能抓住马克思的大本子不放。在看问题做事情时必须要将目光置于马列主义的立场上、置于客观实际上、置于理论与实践相结合的层面上,不断地着眼于将马列主义与中国的具体实际相结合。"中国革命的成功,是毛泽东同志把马列主义同中国的实际相结合,走自己的路。"[①] 改革开放以来的实践证明了,"只有结合中国实际的马克思主义,才是我们所需要的真正的马克思主义"[②]。我们党重新确立的思想路线,既体现了邓小平对待马克思主义的科学态度,更是他看问题做事情的根本出发点,集中体现了邓小平对理论联系实际的马克思主义学风的高度重视。

(三) 将马克思主义学风与改革实践统一起来

首先,邓小平的学风理论蕴含着改革精神。改革精神是邓小平学风理论的最突出的表现。在十一届三中全会上,邓小平重新提出"解放思想,实事求是"的思想路线并做出了改革开放的伟大决策。从那时起,改革实践就开始在中国的土地上拉开大幕,并有步骤地开始在各个领域展开。此后,邓小平在不同的时间和场合,针对改革的重要性和必要性,进行了系统论述。随着社会主义改造的完成,社会主义公有制的建立,权力集中、忽视和排斥市场规律、社会缺乏活力的内在特性,使得计划经济体制越来越成为阻碍我国经济发展的最主要的障碍。为了使生产关系适合生产力的发展,邓小平主张进行改革,这是"解放思想、实事求是"指导方针的重要体现。改革精神彰显了邓小平在实践维度上的创新,更体现了他将实事求是的马克思主义学风进行贯彻和发展。

---

① 邓小平文选(第3卷)[M].北京:人民出版社,1993:213.
② 邓小平文选(第3卷)[M].北京:人民出版社,1993:118.

其次,邓小平的学风理论包含了实践性原则。邓小平在领导中国改革开放的过程中,贯穿其中的依然是马克思主义的实践观,以实践第一的原则去评判、检验改革成果。在 1978 年展开的关于真理标准问题的大讨论中,邓小平排除万难,以革命家的勇气、改革家的气魄支持和参与了这场争论,最终恢复了实践这个检验真理的标准的权威,冲破了长期以来禁锢人们思想的"左"的思想,为党的十一届三中全会确立的改革开放政策奠定了坚实的思想基础。

马克思主义学风中的实践精神体现为,首先,改革没有现成的模式可以学习,我们必须摸着石头过河,在实践中探索。那么这就是说要尊重人民群众的首创精神,对群众的实践予以总结、推广。其次,依靠实践检验方针、措施、政策的正确与否,将群众经验提升为方针政策,再由群众检验,让群众来评判这些政策。在实践的过程中,面对着各种争论,邓小平从实践性原则出发,再用实践来证明。邓小平通过对社会主义实践经验的总结,排除了一系列的错误观念,在探索什么是社会主义、怎样建设社会主义这一伟大命题的过程中第一次明确提出了社会主义本质论。也就是说,实践性原则告诉我们只要是符合社会主义本质的体制、形式和手段,都可以拿来用。邓小平重新恢复了实践在马克思主义哲学中的地位;坚持理论联系实际,反对教条主义;坚持实事求是,反对官僚主义和形式主义;坚持解放思想,反对因循守旧;确立了实事求是的思想路线,在改革开放的伟大实践中为我们开辟了建设有中国特色社会主义的新思路,形成了马克思主义学风建设的新格局。

四、其他领导人增添了学风建设的新思路

(一)江泽民的学风建设思想

江泽民在新时期、新阶段总结历史并展望未来,十分强调学风建设的重要性。他指出,"学风问题也是党风问题,是关系党的兴衰和事业成败的

一个重大政治问题"①。在此基础上,江泽民形成了一整套的学习建设的理论体系,其中包括学习态度、内容、目的、方式以及如何培育学风等。江泽民的这些论述使得党的学风理论更加丰富与成熟。

1. 建立自上而下的学习制度体系。江泽民曾多次指出全党同志必须"学习,学习,再学习",强调尤其是党的领导干部更加不能放松对自己的要求。党的领导干部代表着党的形象,如果领导干部以种种借口放松学习,忽视对自己的理论修养,不能发挥党员领导干部的模范带头作用,我们党的形象就会受损。不仅如此,领导干部如果放松学习,那么在技术的日新月异的发展过程中就会被淘汰,更遑论承担起重要任务。因此他指出要建立自上而下的学习制度。"党员干部的学习,关系党和国家全局工作,关系改革和建设事业的长远发展"。② 只有领导干部的学风正了,党的整体学风才会向着好的方面发展,才会形成以点带面的新格局。

2. 推动党员干部加强对理论的学习。"学习什么"是江泽民的学风思想的重要内容,他在不同的场合对此作出了重要的指示。我们党在进入新时期以来,随着改革开放的不断深入,很多党员干部在党风方面出现了问题,无论是何种作风的问题,归根结底都表现为一些党员干部的理论水平低、党性原则淡薄、业务水平远远达不到改革开放的新形势。对此,江泽民说:"马克思主义理论是管总的东西,不学理论,势必思想空虚,精神贫乏,是非不辨,方向不明"③。加强党员干部对马克思主义理论的学习是提升党的战斗力、增强党的凝聚力、加强党的执政能力的最根本的措施。

3. 注重学习的系统性和全面性。江泽民着重分析在面对庞大繁杂的知识体系时,党员干部应该学什么、怎么学。他从全球和全局高度出发,从建设中国特色社会主义的现实需要出发,提出了"三个面向"。如果说"三个面向"只是从战略层面对党员干部的学习提出了要求,那么从微观层面,他提出要学习马克思主义理论、中国共产党的基本理论、路线、方针和政

---

① 中共中央文献研究室编. 十五大以来重要文献选编(上)[M]. 北京:中央文献出版社,2000:495.
② 江泽民文选(第3卷)[M]. 北京:北京人民出版社,2006:382.
③ 中共中央文献研究室编. 十四大以来重要文献选编(中)[M]. 北京:人民出版社,1997:78.

策等等，更要注重广泛的学习和吸收各个学科门类的知识，不断地提升自己的思维能力、开阔自己的视野，使之不仅能够跟得上时代不断前进的步伐，而且更重要的是要具有引领时代的能力。这就要求，党员干部的学习必须注重学习的系统性和全面性，注重学习的时代性。正如江泽民所说："学习社会主义市场经济和现代金融、现代管理等方面的知识。这是各级领导干部必须掌握的基本经济知识。"①

4. 对学风建设进行系统化的理论概括。江泽民对党的学风建设的理论进行系统化阐述。从当前我们党所处的时期和所承担的重要任务出发，首先对什么是学风问题进行了科学的回答，并且为党的学风建设指明了方向，提炼出学风建设的实质，使全党对学风问题的认识更加深刻。他把学风问题归结为"一个中心，三个着眼于"，在此基础上不断地推进理论创新。江泽民认为，我们强调学习并不是为了学而学，而是在新的历史课题和历史任务面前，我们应该如何应对，是继续埋首于马列的本本中，还是从马列主义的方法、立场和观点出发，因地制宜解决中国的实际问题，这是区别一个政党是否是马克思主义政党的根本标志。基于这个出发点，他说学习时必须"以我国改革开放和现代化建设的实际问题、以我们正在做的事情为中心，着眼于马克思主义理论的运用，着眼于对实际问题的理论思考，着眼于新的实践和新的发展"②。江泽民的这一阐述旗帜鲜明地总结了党的学风理论的主要内容、目的以及方法，具有很强的现实指导性。

(二) 胡锦涛的学风建设思想与实践

胡锦涛结合我们党所面临的新形势，丰富和发展了党的学风理论，使党的学风理论在理论上极大地发展了党建理论体系。

1. 学习贵在学用结合。胡锦涛提出要树立"学以致用、用以促学、学用相长"的学风，清晰地揭示了马克思主义学风的本质，是对马克思主义学风理论的新发展。胡锦涛坚持马克思主义学风，提出了科学发展观的概念。这一思想的提出离不开胡锦涛对我国新的发展环境的科学概括，离不

---

① 江泽民文选（第3卷）[M]．北京：北京人民出版社，2006：288.
② 江泽民文选（第2卷）[M]．北京：北京人民出版社，2006：12.

开他坚持把理论联系实际地运用，学用结合，为我国在新的时代条件下解决"如何发展，实现什么样的发展"这一重大战略课题，做出科学解答。

2. 以党建的高度强调学风建设。党的十六届四中全会第一次提出了建立马克思主义学习型政党的要求。2009年党的十七届四中全会通过决定，把建设马克思主义学习型政党作为重大而紧迫的战略任务，并把它作为加强和改进新形势下党的建设的首要重大部署。这是对现实情况做出的科学判断，是对学风建设形式的创新发展。胡锦涛认为，要在坚持理论联系实际的学风中注重创新，从而提升党员的政治素养和工作能力。因此，建设马克思主义学习型政党这一命题的提出是顺应时代的发展，是实事求是学风的新的展现。

3. 坚持科学的学风，促进领导干部学习制度化。胡锦涛不仅从党建的高度要求我们党的优良学风，而且自觉带头践行马克思主义学风，形成了一整套的集体学习制度，并不断地使这套制度规范化、常态化。以胡锦涛为核心的领导集体为全党做出了学习的表率，以中央政治局的集中学习为重要方式，弘扬了马克思主义的优良学风，促进了优秀社会风尚的形成，而且通过紧密结合我国经济社会发展的客观现实，还在学习中有效解决了我国经济社会发展中面临的难题，实现了科学执政，提高了党中央的执政水平和决策能力。胡锦涛认为集体学习制度是除了自学以外一个很重要的学习途径，要把集体学习制度作为一项制度长期坚持下去，只有这样才能适应党和国家事业发展的需要，才能更好承担起党和人民所赋予的重任。

（三）习近平的学风建设思想

加强党的学风建设、培育优良学风是我们党的事业不断兴旺的重要原因。党的十八大以来，以习近平为核心的新一届领导集体更加注重全党的学习问题，为党推动学风建设提供了重要的理论指导，为新时期党的事业发展与中国梦的实现提供可能。习近平在继承之前几代领导人学风建设思想的基础上，从历史与现实辩证统一的角度把握学习的意义、学习理念的更新、科学方法的培育，对新时期党的学风建设提供了具体可行的解决措施，具有积极的启示意义和指导作用。

1. 强调学习的意义，历史性与现实性辩证统一地看待学习

据《人民论坛》载文介绍，以 2012 年 11 月 15 日～2013 年 7 月 12 日《人民日报》刊发有关习近平总书记的 50 篇 11 万字的重要讲话内容为基础，"学习"作为第 4 重要的关键词出现了 161 次。他把学习放在横纵两个维度来强调，并将其科学地定位。从个人到国家横向角度来看，学习不仅关系到个体发展，还关系到政党和国家的兴衰。"学习是文明传承之途、人生成长之梯、政党巩固之基、国家兴盛之要"①。因此，他在多个场合强调学习的重要性，"全党同志特别是各级领导干部都要有加强学习的紧迫感"②；从历史发展的纵向角度看，学习具有历史性与现实性双重特征。习近平认为，学习具有党优良传统的传承意义，并且不同的历史时期对学习的要求不同。"在农耕时代，一个人读几年书，就可以用一辈子；在工业经济时代，一个人读十几年书，才够用一辈子；到了知识经济时代，一个人必须学习一辈子，才能跟上时代前进的脚步。"③他还深刻分析了当前党员学习的大环境，"近 50 年来，人类社会所创造的知识，比过去 3000 年的总和还要多"④。他强调在时下的知识爆炸的时代，知识的更新、传播速度大大加快，只有党员干部端正了学风，才能提升自身素质，克服本领恐慌，增强党的凝聚力和战斗力。培育优良学风是增强党的执政能力的有效路径。习近平指出，"当前，全党面临的一个重要课题，就是如何正确认识和妥善处理我国发展起来后不断出现的新情况新问题"⑤。面对改革的深入，我们党只有更加深刻认识到学习的重要性，永不懈怠，才能从容应对改革开放过程中的各种考验，才能不断开创中国特色社会主义的新境界。

---

① 习近平. 关于建设马克思主义学习型政党的几点体会与认识［J］. 今日中国论坛，2009（11、12）.
② 习近平. 在全党大兴学习之风依靠学习和实践走向未来［N］. 人民日报，2013-3-2（01）.
③ 习近平. 在全党大兴学习之风依靠学习和实践走向未来［N］. 人民日报，2013-3-2（01）.
④ 习近平. 善于学习增强本领努力实现"中国梦"［J］. 学习活页文选，2013（20）.
⑤ 习近平. 在全党大兴学习之风依靠学习和实践走向未来［N］. 人民日报，2013-3-2（01）.

2. 更新学习理念,科学地把握学习的全过程

我们处在这个大变革的社会,掌握知识的量和速度直接关系到一个国家和一个民族的未来发展。时代给我们党提出的新问题与新要求,"从总体上看,我们的本领有适应的一面,也有不适应的一面。"①。因此,习近平的学风建设思想从学习的来源,学什么,怎么学,学习为了什么的逻辑顺序,围绕更新学习理念展开,对学习内容、目的、方法进行了全面解读。

习近平注重学习内容的历史性与系统化。他提出要向书本学习、向群众学习、向实践学习,言简意赅地指出了学习的来源与学习的历史性,为当前学习的大方向做了重要的指引。在此基础上,习近平的学习思想,体现在对拓宽学习内容,扩大自身的理论视野的要求,将马克思主义理论、马克思主义哲学、党章的学习看作是修炼"基本功"的过程。他指出要"原原本本地学,仔仔细细地读,下一番真功夫"②。他将对政策法律法规、历史、专业知识的学习看作是掌握"本领"的过程,特别强调要学经典、读历史,"以史为鉴知兴替"。从他的语言风格与讲话内容中可以看出,他热爱历史、研读历史,躬身示范地向历史学习。学习内容的系统化体现了他科学的学习观。

习近平学习思想的全面性还体现在对学习目的的科学理解和学习方法的创新发展上。他引用诸多古人的思想,指出学习的目的是"学以致用、用以促学、学用相长",即在于改造主观世界、在于指导实践,在于解决实际问题。他强调,不能纸上谈兵,要务实地进行学习改造,将理论与实践、学习与应用、改造客观世界与主观世界相结合,以目的为导向地展开学习;同时,他在多个场合中,告诉广大党员干部,要做学习的榜样,要联系实际地学,要带着问题学,这样才能找到解决问题的新办法,这是对学习方法的简要概括。学习方法的科学性直接关系到学习的效果和思维方式的养成,他通过对注重意识形态建设、强调调查研究,为新时期党员的学习提供了科学的方法。2014年,他提出意识形态建设是极其重要的。这将成为

---

① 习近平.关于建设马克思主义学习型政党的几点体会与认识[J].今日中国论坛,2009(11、12).

② 习近平.领导干部要爱读书读好书善读书[J].学习活页文选,2013(18).

一种科学的有效的方法刺激和改良学风建设,其巨大作用在本书下面的章节中将做详细论述。习近平对于为什么始终坚持和不断运用调查研究的方法,进行了多面的分析。"没有调查研究就没有发言权,没有发言权就没有决策权",是习近平开展各项工作的基本原则,调查研究是他树立的学习和工作的重要思想方法。

3. 注重学习态度,用新境界的学习引领作风建设

2007年,习近平强调"勤奋好学、学以致用"是加强党员干部作风建设的首要任务,之后在讲话中引述了学者王国维的人生三大境界,指出了新时期党员的学习也应具有这"三种境界",以新的姿态引领党的作风建设。

学习境界是学习态度的体现,第一种态度,静心学。"昨夜西风凋碧树,独上高楼,望尽天涯路"表达了虽然景色荒凉,但要志存高远,耐得住寂寞,将坚持学习作为一种高贵的品质,不计较眼前利益。拥有了这种态度,才会表现出识大体顾大局的优良作风;第二种态度,苦心学。"衣带渐宽终不悔,为伊消得人憔悴"体现了愿意学习、有信念的学习态度。"兴趣是激励学习的最好老师。有了学习的浓厚兴趣,就可以变要我学为我要学"①。"终不悔"体现就是这种学习兴趣,兴趣会激发学习的内在动力,促使形成不断学习、善于学习的新风尚。习近平指出,学习从来都不是一件轻松的事情,要花大力气、下苦功夫。领导干部务必保持修身励志的精神状态,拥有这种态度和状态,党员作风才能求真务实,不受腐化;第三种态度,终身学。"众里寻他千百度"是终身学习、主动学习的学习态度。习近平反复强调文化自觉,认为思想自觉才会引起行动自觉,达到知行合一。同时他还强调"领导干部要把学习作为一种追求、一种爱好、一种健康的生活方式"②,将学习作为生活方式是他学习观的一大特色。终身学习的态度与学习型政党组织特征相一致,都是时代性的体现。这三种态度代表了新时期学习的特征,也是当前转变工作作风的重要内容。

---

① 习近平. 在全党大兴学习之风依靠学习和实践走向未来[N]. 人民日报,2013-3-2(01).

② 习近平. 在同各界优秀青年代表座谈时的讲话[N]. 人民日报,2013-05-05(2).

习近平的学习思想,是从历史与现实辩证统一的把握学习的意义与全过程,既有对学习内容、学习方法的科学论述,又有对学习目的,学习态度的详细分析,为新时期学风建设指明了方向。

学风建设理论的发展是与不同的社会环境,历史条件紧密相关的。历史反复证明,我党的伟大之处就是具有高度的历史自觉与理论自觉,不停地重新审视自身。马克思主义学风认准马克思主义是思想的清泉而不是一潭静止的死水,党的学风会促使党员对中国特色社会主义科学性和真理性有着更好的认识与思考,是将马克思主义理论不断发展与创新的动力源泉。马克思主义经典作家及中共几代领导人关于党的学风思想使历史的车轮不断驱赶学风建设,使其紧跟时代的车轮。而新时期的学风建设更应快马加鞭,为党员的廉政作风建设提供"净化器",成为党的思想理论建设"加油站",为深化改革发展提供思想保证。

第二节 党的学风建设的实践探索

革命时期的延安整风活动开启了中国共产党全面进行学风建设的实践征程,后又途径曲折发展、重新塑造、学习型政党建设等具有标志性的学风建设阶段。党的学风建设在党的每个重要时刻都发挥了关键性的作用。

一、延安整风运动促成革命胜利

延安整风运动,作为党史上第一次全党范围内的整风运动,是一次普遍的马克思主义教育运动,解决了党员干部思想认识问题,使马克思主义学风思想牢牢扎根,为学风建设积累了宝贵经验,对推动革命胜利发挥了巨大作用。

(一) 历史背景及存在问题

延安整风运动的开展,既符合历史发展形势的需要,也具备良好的有利时机。首先，党内存在"左"倾思想错误。处于幼年时期的中国共产党，由于无法灵活地运用马克思主义，不能使其很好地指导中国革命和处理实际问题，出现了思想上的盲从，导致了大革命的失败。大革命失败之后，党内发生了"左"右倾错误，给中国革命造成了严重危害，阻碍了中国共产党人对中国革命的探索之路，虽然遵义会议从政治上纠正了这种错误，但是对思想根源上的问题缺乏深刻认识，没有引起思想路线上的重大改变。

其次，党内存在非无产阶级思想。1927年，党将工作重心转移到农村，党的主要力量必须长期存在于农村，不少的农民和小资产阶级加入到党组织中，他们缺乏马克思主义的理论知识，不具备共产党员的基本理论素养，思想不纯问题在党内滋生。同时，国内形势的发展变化，也为延安整风提供了有力的历史条件。当时抗日战争进入到相持阶段，根据地缩小，使得调动党员干部进入延安学习成为可能，为延安整风运动提供了比较稳定的外部环境。

最后，主观主义是长期存在的一种痼疾。毛泽东早在《关于纠正党内的错误思想》一文中提出主观主义的概念，1942年在《整顿党的作风》中再一次提出，要求反对主观主义以整顿学风的任务。教条主义和经验主义本质上都是将马克思主义与中国革命和建设的实际情况隔离开，忽视了马克思主义中国化的问题。毛泽东指出，主观主义的方法，是共产党的大敌，是党性不纯的一种表现。面对党员思想上的问题和理论不能很好地指导革命等重重困难，以毛泽东为首的中国共产党认为，争取抗战胜利的关键在于提高广大干部的马克思主义理论水平，正确解决马克思主义普遍原理与中国革命具体实践相结合的问题，确立一条辩证唯物主义的思想路线。因此，中共中央决定开展延安整风运动，着力解决党员干部思想认识问题、重新学习马克思主义、摒弃错误思想、解决思想路线等问题。

（二）整风过程及方法对策

延安整风运动是有领导、有计划、分步骤进行的。从1941年5月至1945年2月，延安整风运动历经了整风的准备阶段、全面开展阶段、总结提高阶段。

首先，准备阶段（1941年5月~1942年2月）开展的学习运动，解决了党员干部思想认识的问题。六届六中全会之后，全党就开展了学习竞赛活动，使党员更深入更普遍地研究学习马列主义。1941年5月毛泽东在《改造我们的学习》报告中论述了理论联系实际这一重要原则，分析了党内的分歧主要体现在思想问题上，号召全党树立理论联系实际统一的马克思主义思想作风，标志着整风运动的开始。同年7月、8月，党中央先后作出了《关于调查研究的决定》和《关于增强党性的决定》。9月中共中央决定成立中央学习研究组，毛泽东任组长，王稼祥任副组长，组织在延安的高级干部学习马克思列宁主义理论，指出中国共产党的历史就是将马克思主义普遍真理与中国革命实际情况相结合，通过将理论与实践相结合能够给中国革命带来新的发展。1941年9月，中共中央成立学习组，旨在研究马克思主义理论和党的历史经验，同年底改组了中央党校，毛泽东负责政治指导。在此期间，大量的论著和文件陆续发表和出台，其中《六大以来》成了党整风的基本武器。

其次，全面整风阶段（1942年2月~1943年10月）是在全党范围内普遍开展整风运动，推动全党理论学习，批判错误的"三风"。1942年初，毛泽东的《整顿党的作风》《反对党八股》从思想上动员了全体党员开展整风运动，阐明了整风的任务和方针。中共中央成立了由毛泽东主持的总学习委员会，领导全党的整风学习。5月，党在延安召开文艺座谈会，毛泽东阐明了革命文艺为人民群众服务的根本方向。会后，文艺界也开始进行整风学习。同年6月，中共中央宣传部发布了《关于在全党进行整顿三风学习运动的指示》，具体规定了整风的方法和步骤。全党各组织针对本单位的情况采取有效措施，全面开展整风学习。这一阶段主要的学习目的是反对主观主义以整顿学风，党员们对主观主义的危害有了深刻的认识，扭转为正确学习态度，正确认识了马克思主义。

最后，总结提高阶段（1943年10月~1945年4月）是通过再次学习和总结活动，得出了有关党的历史经验和整风经验的结论，为七大确立毛泽东思想为指导思想做充足准备。经过前两个阶段的全面整风运动，党对"三风"的整顿取得了明显的效果，革命根据地随着击退国民党的反共高潮也得到了巩固和发展。然而能否取得革命的最终胜利,到了很关键的时期,能否对党的历史经验做出正确的分析显得至关重要。随着运动的深入开展,从1943年冬起,党中央从党的历史和路线问题入手,对理论联系实际的正确思想路线和"左"倾错误的思想路线进行多次讨论和总结,同时在《学习与时局》《关于人生观问题》等报告中,对党员应具备的马克思主义世界观进行了论述,对在整风学习中提出的一些重大问题作了科学的分析和解答。在深入讨论的基础上,1945年4月,党的六届七中全会通过的《关于若干历史问题的决议》这一重要成果,对错误的思想路线做了剖析下了结论,并总结了中国革命的历史经验教训,标志着延安整风运动的胜利结束。

延安整风运动的成功,不仅仅体现在过程的有效性,还表现在方法与形式的创新性、理论对策的创新性。第一,延安整风运动运用创新方法和形式批判错误的思想作风。1942年4月,毛泽东在中央学习组会议上指出:"在整顿三风时重心在自己。要帮助别人,首先要提高自己,自己不进步,要帮助别人是难的。"这是对批评与自我批评方式的关系论证,并将它作为正确方法进行整风活动。同时,批评与自我批评方法的运用,提高了当时党员解决自身的思想问题的效率。调查研究成为解决主观主义思想行之有效的方法。在整风运动的酝酿时期,《农村调查》《调查研究》等书籍的出版体现了毛泽东为了排除主观主义思想,号召全党大兴调查研究的要求。延安整风运动开始之后,毛泽东在《改造我们的学习》中严厉批判了主观主义作风,并提出将调查研究方法作为解决这一问题的重要武器。1941年全党《关于调查研究的决定》和《关于实施调查研究的决定》文件下发以后,中共中央成立了中央调查研究局,在根据地和各个机关成立多个调查团,掀起了大规模的调查研究。同时毛泽东指出真正的批评和自我批评必须贯彻"惩前毖后,治病救人"的宗旨,这一宗旨也成为贯穿整个整风运动的重要形式。毛泽东在解释这种形式时指出,要敢于揭发并科学分析批判过去的错误思想,并警示未来,这就是'惩前毖后'的意思,但批判的目的是为了"治病救人"而不是为了整人。尤其整风后期的主要形式和目标是以"治病救人"为主。这种整风形式的采取,有效地杜绝了将整风误认为整人的错误思想,使整风活动有序有效地开展。

第二,将理论联系实际的学风上升为思想路线。延安整风运动的重要贡献之一,就是依靠整顿学风来解决全党的思想路线问题,使全党掌握了马克思主义同中国革命实践相结合这个根本思想方法。学风是思想态度和思想方法问题,毛泽东一直重视对理论联系实际和工作的态度问题,1942年他发表重要讲话,指出要从世界观、人生观上批判主观主义,阐明实事求是的思想认识路线。之后全面的大规模的学习与总结活动,使全党认识到理论联系实际的重要性,明确了马克思主义与中国实际相结合路线的思想方向。《关于若干历史问题的决议》中提出,延安整风运动统一了思想认识,在弘扬理论联系实际学风的基础上,在全党确立了实事求是的思想路线。

(三) 实践效果及现实意义

延安整风运动是我党加强学习、进行学风建设的一次非常成功的实践。这次全党的马克思主义学习运动使马克思主义中国化实现了第一次历史性跨越,提高了中国共产党的理论水平和认识水平,在党建上取得了丰硕的实践成果。

首先,使全党的思想得到统一。在整风运动之前,党内存在着思想方法、政治路线等方面的矛盾和分歧,影响了党的决策和判断力。整风运动通过不断的学习与反省、讨论与总结,在党的历史问题上达成了共识。毛泽东进行了大量的理论研究,带头组织学习若干马克思主义著作和党的有关文件,针对党内所存在的错误思想倾向,联系党内实际情况展开批评与自我批评活动,探寻改正这些错误的措施,并对党建理论与新民主主义革命理论进行了论述,使毛泽东思想进一步完善,党的七大确定了毛泽东思想为党的指导思想,形成了全党统一的重要思想基础。

其次,使党员的党性修养得到提高。《中共中央关于继续开展整风运动的决定》明确指出,在抗日民族统一战线形成后,党员数量猛增70万,并且他们都得到了整风运动的锻炼和洗礼。延安整风运动,从党员的党性修养出发,全面进行思想改造,提高了广大党员的理论素质和道德修养,促使他们形成了正确的世界观、人生观和价值观。毛泽东指出,反马克思主义的主观主义,是党性不纯的一种表现。于是在党的领导干部的带头下,全体党员攻读马克思主义著作,并不断地做思想上和工作中的检查,开展批评与自我批评活动,提高了自身的理论素养,驱除了党性不纯的不良因素,增强了党的执政能力。

再次,使领导干部队伍得到优化。延安整风运动巩固了毛泽东的领导地位,使毛泽东思想占据指导思想地位。"左"倾思想严重的王明曾经想凭借共产国际的指示,占据全党的领导地位。整风运动集中处理了一些错误思想严重的领导干部,处理了王明、博古、张闻天、王家祥、邓发、凯丰等人。通过整风学习,六届六中全会对毛泽东在全党的领袖地位进行了肯定,指出"党在奋斗过程中产生了自己的领袖毛泽东同志"①。全党拥护毛泽东的正确领导,并在党的七大产生了以毛泽东为首的中央委员会。延安整风运动中不仅确定了党的最高领袖,还培养了一大批优秀的领导干部和骨干力量。通过思想改造,党员干部的思想水平得到了提升,养成良好的学习习惯,不断提高自己解决问题的能力,形成了一支掌握正确的指导思想、理论联系实际的学风、团结统一守纪的过硬队伍。

最后,使党内思想建设具备科学方法。从整顿"三风"到确立党的三大作风,延安整风运动为党提供了一种处理党内问题、解决党内矛盾、进行思想教育和思想建设的新方法。整风运动的过程,是大力倡导实事求是、反对主观主义来整顿学风的过程,通过认真学习马克思主义,将其与中国革命相结合,确定了实事求是的思想路线,弘扬了理论联系实际的优良学风。实践证明,整风运动是促进党员辨别是非、加强思想教育、发扬优良学风的极佳形式。

(四) 对学风建设的重要启示

延安整风运动是学风建设史上的一次成功典范,成为了党的学风建设

---

① 毛泽东选集(第3卷)[M]. 北京:人民出版社,1991:952.

的一面旗帜。整风运动的核心思想与学风建设的内容、方法和原则具有同质性，为党今后的学风建设具有重要的启示作用。

1. 注重对待马克思主义的态度，树立起共同的思想信念

学风问题，事关党员对待马克思主义的态度问题。党在延安时期指出"要废除静止地孤立地研究马克思列宁主义的方法"[①]，全党发起了一场声势浩大的学习活动。在活动中树立了实事求是的优良学风，坚定了党员对共产主义的信仰和对革命必胜的信念。同时，整风运动，将历史经验总结并上升为科学理论，形成首个马克思主义中国化的理论成果，将毛泽东思想确定为指导思想，代表了我党的指导思想走向成熟。理论的成熟能够增强党员的党性，巩固共同的思想基础，坚定了对共产主义的信仰，对革命终将胜利的信念，成为了党员的思想信念的支撑点。延安整风始终重视理想信念的教育，将它视为解决思想问题的着力点。重视理想信念教育，对加强党的思想建设和学风建设具有指导意义。

2. 加强理论学习，充分发挥党员干部的表率作用

为解决党内思想上出现的矛盾和分化，毛泽东提出要来一个彻底的思想转变，传播唯物主义思想和辩证法的应用，要求全面深入学习马克思主义。将理论学习放在重要的位置上，才能促使其与实践活动相结合，为理论指导革命打下了良好的基础。延安整风，非常注重发挥党员干部的学习表率作用，延安整风运动历时4年，共约17000名干部参加学习，其中第一期约5000人，第二期约12000人，覆盖全党中级以上干部。毛泽东、刘少奇等高级领导干部坚持做带头学习的倡导者和践行者，到达延安之后，毛泽东在恶劣的环境中坚持学习，大量阅读书籍和报刊，将理论结合实践撰写了大量的文章，其中92篇被收入到《毛泽东选集》。陈云、张闻天等领导干部所撰写的文章也数量可观，其中《党的建设》《提倡朴素与切实的工作作风》等文章对日后党的建设与工作发挥了重要作用。参加整风学习的干部大体分为三部分：一是中直、军直系统；二是西北局、陕甘宁边区系统；三是中央党校系统，覆盖全党中级以上干部。1942年，从4月到6月

---

① 毛泽东选集（第3卷）[M]. 北京：人民出版社，1991：813.

短短3个月内,延安参加学习的人数达10098人①。中央成立了中央学习研究组、思想方法学习小组、中央总学习委员会等组织,在六届六中全会上提出中央委员和高级干部尤其应当加紧研究。党员干部的学风,直接反映了党的理论水平。党中央将延安的高级干部编成各个小组,由中央领导干部直接领导党员进行学习活动。中央领导干部还身体力行率先进行理论学习,研究革命的基本经验和基本规律。

3. 确立可行的学习制度,保障学习的长效性和持续性

这次整风运动的顺利进行得益于学习制度的完整确立。毛泽东指出,"现在中央设了干部教育部,负责领导全党的学习。全党要设立机关,建立这样的制度,这样的学习制度,中央要在全国推行,造成一个学习的热潮。"② 延安学习运动,开创了完善的学习制度先河,包括领导制度,组织制度,学习制度等。在领导制度中,根据《中共中央关于干部学习的指示》要求,领导干部必须以身作则开展学习活动。运动中对领导干部的功能、文件审批制度等做出了规定。在组织制度中,党员干部由中央和各级党委组织部统一管理。对学习时间的安排进行了制度上的规定,"建立在职干部平均每日两小时的学习制度,并确保持久性和经常性"③;同时,制订了学习辅导制度,设立顾问团、教育站,指导员制度,对党员的学习内容和要求也做出了规定,形成了全方位的有机学习制度,促进了全党的学习。学习制度是一种促进学习的外在力,通过制度的建立将学习转变为内在的动力,将学习常态化发展。刘少奇在整风运动中,1942年他奉命调回延安工作,在长途跋涉参与战斗的一年时间里,他还坚持把中国历史和哲学史系统地学习了一遍。延安整风运动突显出许多老一辈的革命家,他们是爱学习、勤学习、会学习的典范。

延安整风运动,通过自上而下的全面学习,坚持了正确的党性原则,把握了重视学风建设的科学态度和方法,纠正了不良学风,为中国革命的

---

① 商春竹.延安整风运动:三大优良作风的提炼[N].光明日报,2012-5-3(01).
② 毛泽东文集(第2卷)[M].北京:人民出版社,1996:178.
③ 陕西师范大学教育研究所.陕甘宁边区教育资料[M].北京:教育科学出版社,1981:33.

胜利提供了充足的思想基础和理论准备。

二、学习脱离实际造成曲折发展

1956年至1976年，党对社会主义建设道路进行了极其艰难的探索，曲折发展同时也是对这一阶段党的学风建设的集中概括。

（一）新中国建设初期学风建设取得的成绩

1956年起，诸多的社会主义国家如苏联、中国都在发生巨大而深远的变化。1956年2月苏共二十大的召开，对斯大林问题的揭露，在社会主义国家内部发生了剧烈反响。中国共产党也身处复杂严峻的形势，全党依靠重新学习马克思主义的重要理论和现实经验，来迎接这场挑战。这20年来，学风建设所取得的成绩主要体现在以下方面：

首先，在向苏联学习同时，探讨适合中国国情的社会主义道路。新中国成立之初，因为没有经验，在经济建设方面只能照抄照搬苏联，有其历史必然性。毛泽东认为，"这在当时是完全必要的，同时又是一个缺点，缺乏创造性，缺乏独立自主的能力。这当然不应当是长久之计"①。到1955年底，毛泽东等中央领导人开始发现苏联模式的缺陷。毛泽东认为，我们面对他国的建设经验要"有所为，有所不为"，不应盲目照搬照抄苏联模式。其他国家的建设经验我们要学习，但要在分析的基础上寻找到一条有别于苏联又符合中国国情的社会主义道路。

其次，重提"实事求是"的思想路线。社会主义制度建立以后，中国取得了可喜的成就，但也出现了重大的失误。1958年的"大跃进"，体现了党在建设社会主义过程中出现的错误，三年"大跃进"，给党和人民带来了重大的损失。1960年以后，党重新重视实事求是的思想路线，开始重视调查的重要性。党中央要求各级领导干部要坚持一切从实际出发，要深入基层，进行调查研究。正确的思想路线的重塑，给党和国家建设带来了新的

---

① 毛泽东文集（第8卷）[M]. 北京：人民出版社，1996：305.

希望。

最后,马列主义、毛泽东思想得到新发展。1956年9月,中共八大通过的纲领指出,要正确对待马克思主义,要突破教条主义的框框,要把它作为我们行动的指南,要把马克思主义的原理同中国的实际相结合,用它解决实际问题,同时要在实践中使马克思主义得到继承和发展。虽然当时已经出现了个人崇拜的迹象,但是党内还有很多老同志持清醒的态度,对毛泽东思想持有正确的看法。周恩来在此期间曾说过,毛泽东思想不是教条,它是在实践的基础上总结、发展而来的。

(二)新中国建设初期学风建设的失误及原因

社会主义改造基本完成之后,在共产党的领导下,我国的社会主义建设取得了显著

成绩,但与此同时,党内出现了骄傲自满、急功近利的不良风气,违背了优良学风的原则,使我国的社会主义建设蒙受了巨大的损失。

首先,学风偏离实际。一是,过分夸大人的主观能动性。"反右倾"斗争的扩大化、"鼓足干劲,力争上游,多快好省地建设社会主义"的总路线、"大跃进"运动和人民公社化运动在全国展开后,主观主义在全党和全国严重泛滥开来,偏离了理论联系实际的社会主义中国轨迹。为了急于实现共产主义的目标,有些人甚至提出"跑步进入共产主义"。这种急于求成的心态完全违背了实事求是的思想路线,违背了经济发展的客观规律,最后肯定要失败的。二是,党内斗争也出现了异常的状况。"文革"开始后,有些人将毛主席的一些言论总结起来,认为要实现社会主义需要一个相当漫长的过程,在现阶段还存在着各种阶级矛盾和斗争。因此,我们要提高警惕性,防微杜渐,要正确处理阶级矛盾和斗争,正确区分敌我矛盾和人民之间的内部矛盾。为此,要时刻谨记阶级矛盾和人民内部矛盾,要天天讲,月月讲,要"以阶级斗争为纲",从而使党内的生活遭到严重的破坏,给社会主义建设带来严重的伤害。

其次,错误的思想方法。一是,把马克思主义教条化。马克思主义为人类今后的发展规划了蓝图,但马克思主义的设想和论断也不是永远正确

的。但是共产党在新中国成立后至十一届三中全会召开前，一直是按照马克思规划的蓝图来建设中国的社会主义的，严格按照马克思主义的教科书和某些教条来指导党和人民的工作，如社会主义取消商品生产、流通这一环节，取消了商品生产，实行严格的分配主义，杜绝任何带有"资本主义性质"的经济现象，严重脱离了中国国情；同时，照搬照抄苏联模式，把苏联的经验当成我们建设社会主义的具体蓝本，没有考虑到中国的实际情况。面对复杂的国际局势和国内形势，我们党犯了教条主义的错误，可以说是中共在思想领域的倒退。二是，经验主义作祟。中国革命年代取得的宝贵经验用于社会主义建设时期，没有考虑它诞生的具体环境，认为在革命年代大搞阶级斗争的经验在和平时期照样是可以应用的，从而导致了阶级斗争扩大化。马克思主义学风建设严重受阻。

三、优良学风促使改革成绩斐然

恩格斯曾说过，任何一个伟大的党和民族，都能从自己的错误中很快反省过来，经历了二十年的曲折历程，我们党也犯过一些错误，但是我们很快从错误中清醒过来，改正自身的不足，对社会主义转折进行再认识，再学习，重新塑造学风，真正做到一切从实际出发，实事求是。

（一）改革开放动力源自学风重塑

"解放思想，实事求是，团结一致向前看"的指导方针在十一届三中全会上提出，这为党重新确立和培育优良学风提供了良好的党内环境。邓小平曾说过，在新中国成立前夕，我们也都曾经学习过，那次学习非常成功，经济很快得到了恢复和发展，从而顺利完成了社会主义改造。但后来把主要精力放在了搞政治斗争上去，没有很好领导经济建设，政治的歪曲，从而也导致经济建设偏离了正确方向。所以现在搞现代化建设，我们要重新学习一次。邓小平对学习内容进行了明确阐述，他认为我们不仅要学习马列主义、毛泽东思想，同时也要学习各种先进的管理理念、科学技术，做到理论和实践相结合，不断提高各级干部的领导能力和管理能力。只有掌握了这些内容，我们才能提高领导能力和水平，正确指导经济建设，促进社会主义现代化建设的顺利进行。

（二）改革开放的成就得益于学习的不断创新

改革开放是中国共产党谱写出的历史传奇，改革开放得以实现，得益于创新学习。

首先，更新的学习内容紧密联系实际，提供改革开放的知识储备。这一阶段，对党员学习的内容进行了丰富：第一，强调哲学原理学习的重要性，端正学风的态度。陈云积极倡导全党范围内开展哲学原理的再学习，不断提高全党的理论水平，不断丰富老革命的思想境界。他强调，学习马克思主义哲学，才能进一步改善目前的思想状况，全面审视全党的思想观和价值观，同时有利于正确对待外来的新生事物。第二，全面学习先进的科技和市场经济理论，能为新时期的社会主义建设提供理论基础。邓小平在改革开放十年之际提出了"科学技术是第一生产力"的论断，面对科学技术日新月异的变化，国家应把科学教育放在重要的位置，提高国民的教育水平和掌握科技的能力，加大与外界的交流和沟通。学习外国的先进技术，同时，面对市场经济，我们也应加紧学习和研究，不断地掌握市场经济的原理，科学掌握市场经济的运行规律，学习并把它们用于社会主义建设中，从而更好地促进我国社会主义建设的发展。

其次，用科学的学习方法有的放矢地学习，推动改革开放向前发展。第一，我们应该学会用调查研究的方法进行学习，在改革的实践中调查研究各种新情况，总结新经验来指导社会主义实践。第二，有选择地学习与吸收西方社会的有益知识。邓小平在中国共产党第十二届中央委员会第二次全体会议上，旗帜鲜明地指出，"属于文化领域的东西，一定要用马克思主义对它们的思想内容和表现方法进行分析、鉴别和批判。"有效借鉴国外发达社会的先进知识和理念，会对我们的改革实践起到事半功倍的效果，可以在一些方面节省时间与成本，但是必须在学习和借鉴的时候时刻保持清醒的头脑，用明亮的眼睛去鉴别精华与糟粕。党的第三代领导集体直面改革创新实际，指出要想做有益的借鉴而不事与愿违，就得在学习西方发达国家的先进知识和文明成果的原则方法上有明确的态度。

四、学习型政党建设促进社会和谐

新世纪以来,我们党加紧学习西方学习型社会建设的理论,2001年5月江泽民在亚太经合组织峰会上提出了建设学习型社会,通过对人的持续性的培养,不断提高人的科学水平和能力,推进学习型社会的建设。十七届四中全会规定,为学习型社会的建立营造良好的氛围,提出建设马克思主义学习型政党的战略任务。建立学习型政党是中国共产党首先提出的,因此没有现成的经验可以借鉴,这就需要全体党员在学风建设中不断总结实践的经验。

(一)全面学习中国特色社会主义理论体系

中国特色社会主义理论体系,是马克思主义中国化过程中产生的不断创新的理论。在新时期,要使各级领导干部结合中国的时代背景,进一步理解它的科学内涵、精神实质以及历史意义等重要内容,从而更好地应用这一理论原理,结合我国现代化建设的实际,分析问题、解决问题;要使各级干部对中国特色社会主义理论的研究常态化,开展相应的普及宣传活动,为马克思主义大众化和社会主义理论的发展做出一定的贡献。同时,作为我国经济建设的指导方针,在实践中广大党员要加强对科学发展观的学习,各级领导干部应树立坚定的理想和信念,在社会主义建设中提高认识和解决问题的能力。对科学发展观的学习,有利于丰富社会主义建设理念,同时也是马克思政党工作的重中之重。

(二)强化各级领导的自觉意识和表率意识,努力建设学习型政党

党校是培养各级领导干部的坚强阵地,随着党员数量的增加,党校教学设施明显跟不上时代的要求,党的十七大要求增加培训干部数量,进一步提高党员素质。全国组织会议指出,在改革开放的背景下,为了进一步加强学习型政党建设,我们要进一步坚定信念,从党政干部入手,对各级

领导干部进行全方位的培训,增强后备人才的培养,加强干部队伍建设。2009年习近平在《关于建设马克思主义学习型政党》的报告中指出,要充分发挥各级领导干部的模范带头作用,进一步提高执政能力,不断满足新工作对其自身水平的要求。领导干部只有不断学习,才能不断地前进。要把学习当成一种工作态度,一种工作责任和一种生命追求,在学习中不断提升自己,丰富自己的知识储备,开阔自己的视野,把学习当做一种态度,而不是仅仅计较自己的利益得失,抛开一切外在因素的干扰,锲而不舍、持之以恒地学下去。共产党员在学习的同时要发挥自身的模范带头作用,发挥表率作用,努力把自己培养成优秀的马克思主义战士,带领下级组织不断地学习,从而更好地做到全心全意为人民服务。

(三) 建设学习型政党,树立党员新面貌

党中央在《关于推进学习型党组织建设的意见》指出,各级单位要开动脑筋,积极从本单位抓起,建设学习型的政党,关键是要积极调查当地的实际情况,研究解决问题的办法,同时要从本单位的实际情况出发,找出目前在改革阶段存在的突出矛盾,找到解决矛盾的更好方法,从而使本单位的党建工作真正做到实处。使广大党员真正成为党的基层实践者,充分发挥自身的先锋模范作用,成为落实科学发展观的模范,在实践工作中不断提高自身素质。各级领导也要不断加强信念及道德教育,使各级党员积极拥护党的工作,坚信马列主义、毛泽东思想不动摇,坚定不移地走社会主义道路,支持改革开放。把学习成果转化为支持中国特色社会主义共同理想的真挚情感,与社会主义中国同呼吸、共命运。

马克思主义学风思想与理论的形成过程及其实践发展过程,也是不断探索和推进学习型政党学风建设向科学化迈进的历史进程,使不断地继承与创新马克思主义学风成为党的学风建设的主旋律。

第三节 党的学风建设的实践意义

各时期学风建设的不断实践充分表明,学风问题事关党的事业成败。

学风正,才能正确理解和掌握马克思主理论,并把这些理论与中国革命的实际、中国的国情和国内外的形势相结合,事业兴旺;学风不正,在运用马克思主义理论时就会脱离客观实际,使事业受损。从历史与现实的角度来看,学风建设的实践活动,证明了学风对党的优良传统的继承与发扬、对党的先进性和纯洁性、对党建工作、解决现实中的具体问题等具有重大意义。

一、促进优良传统的继承和发扬

纵观党的成立、成长和发展的历程,学风建设作为党的优良传统贯穿始终。

(一) 中国共产党诞生于学习传播马克思主义理论的过程中

近代以来,中华民族面对列强入侵、积贫积弱的深重苦难,救亡图存是摆在中华儿女面前的首要任务。在经历了一次次失败后,以陈独秀、李大钊为代表的进步人士,把向西方学习转向了东方,从资产阶级民主主义转向了社会主义。他们研读了大量的马克思主义著作,发表了一系列学习研究文章,介绍了马克思主义的基本理论观点和俄国革命情况,还发起马克思主义学说研究会,把进步青年组织起来学习研究马克思主义。社会主义、共产主义的理论观点和政治主张在中国开始广泛传播,马克思主义和工人运动结合产生了无产阶级政党即中国共产党。

(二) 中国共产党立足于两次学习高潮中

延安时期,面对全面抗战的新形势和新任务,党员干部只有提升理论素养和执政水平才能立足。党中央及时提出要加强学习,建成一所大学校。1942年,中央成立学习研究组,各地成立高级学风组,学习研究马列主义理论,党内学风的整顿成为了整风运动的重要内容,党员干部挣脱了主观主义和教条主义的束缚。这次整风运动,使马克思主义中国化实现了第一次历史性跨越,提高了中国共产党的理论水平和认识水平,使全党的认识统一到毛泽东思想上来，为新民主主义革命的胜利奠定了坚实的基础。中国共产党就是通过不断学习、不断总结，适应新形势，解决新问题，从而将马克思主义理论及毛泽东思想牢牢扎根于中华沃土之上。20世纪50年代，我们开始全面向苏联学习，虽然走了一些弯路，存在着盲目崇拜，但是好在比较早地意识到了这个问题。于是结合我们的国情学习理论进行实践，取得了社会主义建设的傲人成绩，并在此过程中不断地积累经验，丰富了马克思主义中国化理论。

（三）中国共产党发展于重新学习与科学化学习

改革开放时期，以邓小平同志为核心的领导集体，重新塑造了学习的风气，把加强学习作为推进事业发展的根本动力。他曾对"文革"期间不重视学习、不坚持理论联系实践、误党误国的学习进行了深刻反思，并号召全党重新学习。江泽民同志也非常重视加强党的学习，并号召建设终身学习的学习型社会。在新时期，中国共产党领导层将"三农"问题、教育优先发展和公平发展、社会主义基层民主政治建设等治国理政的重点、热点、难点问题作为学习的课题，在学习中形成共识，将学习成果应用于实践。党的十六大、十七大会议，提出了"三个代表"、科学发展观重要思想。之后，在全党范围内形成了学习"三个代表"重要思想和科学发展观的热潮。广大党员干部在学习总结过程中，认识到自身的不足，不断总结分析，不断改进创新，形成了学习——改进——学习的良好循环，最终达到理论与思想与时俱进的效果。进入到全面建设社会主义时期，以胡锦涛同志为总书记的党中央，通过提出并建设学习型政党来加强学风建设，大力推进政治局集体学习的制度化，把集体学习变成凝聚治国共识、加强集体领导的新方式，促进党内学风的科学化，使党员在快速发展时期具备了解决新情况新问题的能力和本领。

无论是革命时期还是改革时期，中国共产党对学风建设的艰辛探索，足以证明中国共产党是一个重视学习、善于学习的政党。由于中国是在一个经济、文化相对落后的基础上建设社会主义，由于中国共产党人追求的人生价值和社会理想代表着未来发展的方向，这就决定了中国共产党必须始终坚定思想立场，不仅仅要继承重视学习、善于学习的优良传统，更要把学习作为一种文化信仰。今天，不仅中国特色社会主义理论和道路还有许多未知的领域需要探索，并且整个世界进入一个多元开放、知识爆炸、文化交融的年代，因此继续发扬党的优良传统，高度重视学风建设，会为当前中国共产党提升领导水平和执政能力提供现实意义。

二、永葆党的先进性与纯洁性

先进性与纯洁性是马克思主义政党的基本特征。党的纯洁性和先进性在本质上是一致的，纯洁性是先进性的重要前提和基础，先进性是纯洁性的重要体现和保障。党章对党自身性质进行了深刻表述，也是党的先进性建设的根本目标。党的先进性是党赖以存在和发展的根本依据，是立党之本、执政之基。纯洁性是保持政党先进性的逻辑前提，并同先进性一样，都是促进政党发展的根本动力。党的十八大报告指出，全党要牢牢把握加强党的执政能力建设、先进性和纯洁性这条主线，坚持解放思想、改革创新。因此，保持党的先进性和纯洁性，是党的建设的根本。

自中国共产党诞生之日起，从革命到建设再到改革开放，在不同的历史发展阶段，学风建设活动总是能使党的精神面貌焕然一新，不断促进党的理论自觉性，使党始终持有优良的思想方法，达到保持党的先进性和纯洁性的目的。学风建设，将党的先进性体现在思想上，即坚持把马克思主义及其中国化理论成果作为指导思想，坚持共产主义理想信念和实事求是的思想路线。唯有在良好的学风氛围里，党员才会持有坚定的立场、正确的态度和科学的方法进行认识问题与解决问题，对党的方针路线政策高度认同，才会主动学习和接受党的思想、理论和观点，自觉抵御腐朽思想和错误思想的侵袭，在思想上始终保持与党一致，从而保证党的纯洁性；坚持组织上严格把关，既不断扩大党的群众基础，同时也对党员进行严格的筛选，确保党员、干部队伍始终纯洁，头脑始终先进；坚持密切联系群众，从群众中来，到群众中去，始终践行为人民服务的宗旨；坚持党严明的纪律，坚持奋发向上、百折不挠的精神，弘扬勤俭节约、艰苦奋斗的作风。

回顾党的九十多年的发展历程，我们党历来重视加强学风建设，通过不同形式的学习运动加强思想政治教育，有效提高了党内思想的统一，从而进一步提高了党的战斗力、凝聚力和向心力。

当前，全新的形势考验着党的先进性和纯洁性。一方面，我党长期执政容易缺乏危机意识和忧患意识，缺乏有效的权利监督和制约，容易滋生腐败现象，从而破坏党的先进性和纯洁性；其次，市场经济条件下，党员易将经济利益与政治权利挂钩，党员容易头脑发热动摇立场，在全面深化改革的今天，党员更新知识、理念，提高执政能力的速度跟不上发展的需要，使党员思想的先进性和纯洁性受到威胁。可见，党的先进性和纯洁性是动态的、具体的。在不同的历史时期，党的先进性和纯洁性有着不同的内容和要求。党要永葆先进性和纯洁性，就必须不断地更新思想观念适应时代要求，不断与时俱进，做到与时俱进就必须通过学习来加强思想建设，从建设良好的学风入手。

实践一再证明，随着新情况、新问题的不断出现，特别是在新常态的大背景下，以学风建设为根基推动党的建设，有利于全党上下解放思想、实事求是，推动广大党员干部勇于摒弃落后观念、工作方法，坚持用新的思路解决新问题，从而持续保持党的先进性和纯洁性，为中华民族伟大复兴中国梦的实现发挥强有力的领航作用。

三、完成执政党建设的首要任务

纵观国际共产主义运动以及中国共产党的历史，共产党无论是执政党还是非执政党，都将学风建设作为党的建设的重要一环。学风好则党的风气正，党的战斗力就强；而学风不正，则党的事业就会受到损失，这是我们党在实践中得出来的基本经验。学风建设作为实现党的建设的首要任务，集中体现在对党的思想建设、学习型政党建设以及实现党的建设的科学化水平方面的作用。

（一）以学风建设推动党的思想建设

毛泽东在《古田会议决议》中首次提出了思想建党的原则，要求党员不断进行思想改造。重视思想建设、思想建党是我党对马克思主义政党建党学说的创新发展，是促使党员拥有饱满的精神动力进行党建的宝贵经验和重要保障。思想建党，就是始终坚持马克思主义的指导地位，将理论与当前实际相结合，在实践中认清自己找到错误，最终达到思想上的统一。想在新时期达到思想建党的目的，就得通过善于把握规律、富有创新精神的学风建设来实现的，把学习型政党建设作为思想建设的新途径。将学习型组织的管理理论结合党的实际，运用到党的建设中去，在党内形成善于学习，学会学习，终身学习，创新学习与团队学习的良好氛围。学风从属于作风中的思想作风范畴，因此必须树立党的优良学风，促进思想建党，把党的事业推向高潮。

（二）将学习作为工具，推进"服务型""创新型"政党建设

学习型、服务型、创新型是有机统一的，创建学习型政党的过程，也是推动服务型、创新型政党创建的过程。对在指导工作、服务群众中存在和面临的各种问题进行学习和研究，这本身就是在探讨如何建设服务型党组织。这样的过程，最终必须再落实到工作方法创新、体制机制创新和制度创新上来，落实到创造性地解决问题上来，当然也就是在不断提高执政党的创造活动、建设创新型党组织。以"学习"推"服务"，各级党组织应该向谁服务，以什么方式提供什么样的服务，服务的标准是什么，如何才能更好服务等等，这些问题都是党员干部在实践中应努力学习与思考的。以"学习"促"创新"，创新不仅仅是打破旧的观念、方法、制度，而是要创新它们使其更加的符合时代的发展、人民的需求，为了推动创新就要依靠努力学习，必须弄清楚过去的历史、现在的情况和未来的趋势，弄清现有的观念方法制度的缺陷，在继承的基础上有所创新。

（三）通过学风建设，对党建进行科学的指引

科学的思想理论会引导党的建设和党的事业朝正确的方向发展。学风建设就是依靠不断地学习和运用马克思主义及其中国特色的社会主义理论，提高全党用马克思主义立场，用实事求是的态度和科学的方法来分析并解

决问题，为党建提供坚实的理论指引。学风建设的意义不仅仅是促使党的思想建设的科学化，还促进了党的组织建设的科学化水平。组织是由诸多个个体组成的，通过共同的价值理念和管理方法把他们集中在一起，达成共同的目标或完成既定的任务。学风建设首先促进了组织中个体的发展，党员个人通过理论学习、素质教育、能力培养，得到了全面的提升，从而优化了组织的各个主体元素。同时，一个组织的共同价值观念和先进的管理能力，是需要通过学风建设才能具备的。依靠对马克思主义方法论的反复学习，从而统一组织成员的思想，坚定他们的立场强化他们的共同意识，依靠学习与时俱进的先进理念和工作方法来使组织获取自我管理的能力。

四、解决发展中现实问题的关键

马克思主义学风的优越性体现在，能够坚持将理论与实践相结合，坚持以解决现实问题为现实目标。优良的学风是科学的思想方法，为党解决现实问题提供有效方法的"钥匙"[①]。

加强学风建设，就会使科学理论与方法"有的放矢"，当前处在深化改革的攻坚阶段，只有全面、系统、富有探索精神地学习才能找到解决现实问题的途径，向书本学习、向群众与实践学习，是中国共产党的学习法宝，是解决当前深化改革中遇到的现实问题的基础工程。与此同时，学风运用以调查研究为代表的根本方法，为解决现实问题提供有效的科学工具。

（一）学风问题关系到党的事业发展的成败

前文通过中国共产党学风建设的历史实践，充分证明了学风是取得党的事业不断胜利的重要保证。这是一条放诸四海而皆准的法则，国际共产主义运动同样验证了这点。

1842年《共产主义宣言》的正式发表，标志着马克思主义思想理论体系的建立。以马克思主义理论为指导的国际共产主义运动表明，坚持从实

---

① 中共中央宣传部. 习近平总书记系列重要讲话读本[M]. 北京：人民出版社，2014：174.

际出发，用理论去指导革命运动，革命事业就会胜利，反之，机械地照搬理论，就会导致革命的失败。1864年欧洲多个国家的工人在伦敦成立了第一国际，在马克思、恩格斯的带领下，将马克思主义进行广泛地传播，并将其与工人运动相结合，确立了马克思主义在国际工人运动中的领导地位。这次运动为其他国家的工人运动点燃了希望，影响深远。1871年无产阶级与劳动人民进行武装起义并创立了巴黎公社，虽然巴黎公社的存在很短暂，但这是打破旧的国家机器建立无产阶级专政的初次尝试。它虽然失败了但也用经验证明了，要夺得政权建立起无产阶级专政，就必须坚持马克思主义，也要拥有一条马克思主义的革命路线；1889年恩格斯在不断地同"右"或"左"的机会主义斗争中，坚持并发展了马克思主义，建立了第二国际。

列宁在长期革命实践中，用发展的马克思主义理论解决了帝国主义时期无产阶级革命的重大问题。列宁始终坚持马克思主义学风，并将马克思主义理论丰富与发展。"一战"爆发后，第二国际中的各政党的多数领袖都、背叛了马克思主义。第二国际历史证明，歪曲和否定马克思主义终会放弃马克思主义的革命道路，唯有坚信马克思主义是普遍真理，才能在革命的道路上越走越远。以列宁为首的布尔什维克党，始终坚持马克思主义的理论原则，沿着马克思主义的革命路线，在夺取革命胜利的过程中，弘扬马克思主义学风，教育和鼓励广大党员看书学习，弄懂马克思主义。1917年在无产阶级革命导师列宁的领导下，俄国无产阶级凭借着优良的学风，将马克思主义理论的思想利器，同广大人民群众一起推翻了资产阶级的反动统治，夺取了十月革命的伟大胜利。

十月革命的一声炮响给中国送来了马克思主义，一批具有先进思想的知识分子将马克思主义广泛传播，并与工人运动相结合，促使了中国共产党的诞生。从诞生之日起，中国共产党就将学风视为第一重要的问题，将理论紧紧地与中国的实际相结合，获得了抗日战争、新民主主义革命、社会主义建设的全面胜利。

（二）学风建设是提升党的执政能力、解决现实问题的客观需要

解决国家和人民的问题关键在于党的领导，在于党的执政能力。历史

经验告诉我们，学风建设是坚持马克思主义，围绕党的基本路线加强自身建设的过程，关系到党解决现实问题的能力，关系到党的事业兴衰成败，关系到国家和民族的前途。党经历了90多年的风雨，所面临的困难前所未有，肩负着深化改革的重任。新一届中央领导集体用实际行动告诉我们，提高解决新问题新困难的执政能力，就是要靠学习、学习、再学习。

学风问题不解决，党员在不同形势下就难保政治上和思想上的坚定性，难以提高党的执政能力和解决现实问题的能力。一直以来，党的工作围绕向书本学习、向实践学习、向群众学习展开，使理论学习应用到实践中，再来检验理论成为可能。这样的循环过程，促使党在不同时期发现党和国家急需解决的"主要矛盾"，通过学习与实践增强解决问题的能力，最终找到解决问题的方法。

首先，向书本学习有助于党员掌握正确的世界观和方法论。向书本学习，最基本的是学习哲学、历史唯物主义以及社会基本矛盾分析法。2013年12月，习近平在中央政治局第一次集体学习时指出，马克思主义哲学深刻揭示了客观世界特别是人类社会发展的一般规律，在当今时代仍然具有强大的生命力。掌握规律才能使党在解决问题时有迹可循；历史唯物主义也是马克思主义哲学不可分割的一部分，它为党解决现实问题提供了根本的出发点，揭示了物质决定意识的原理。学习它能使党员坚持从客观实际出发制定政策、处理问题。当前中国最大的客观实际，就是我国仍处于并将长期处于社会主义初级阶段，这是我们认识当下、制定方针、解决困难、发展事业的客观基点，坚持学习历史唯物主义，就会在解决问题时记住出发点，使思想不迷路；社会基本矛盾分析法，会有助于党员把社会基本矛盾作为一个整体去研究，不断地去协调生产力与生产关系之间的矛盾，通过全面的深化改革，促进社会主义制度的不断完善。习近平强调，辩证唯物主义是中国共产党人的世界观和方法论，自觉地坚持和运用，能提高解决我国改革发展基本问题的本领。除此之外，还要通过不断地全面地学习马克思主义经典读物、历史、专业知识等知识，提高战略思维、历史思维、辩证思维、底线思维能力，在遇到新问题时能够遇事不慌、沉着应对。

其次，向人民群众学习能帮助发现新问题。历史证明，人民群众是实践的主体，是精神财富的缔造者，同时也是历史文化的继承者、改革发展的推动者、实际问题的发现者。我党学风建设的宝贵经验之一就是既要向书本、实践学习、更要向人民群众学习，做到在群众中去了解真问题，总结新经验，找寻新方法。同时，在制定党的路线、方针、政策时，也必须要接受群众的检验，广纳群众的意见。通过群众实践检验过的马克思主义，才适合中国国情，才是真正的马克思主义。这样的马克思主义，应被广大群众所了解、所认可，使其自觉成为群众的思想武器去解决现实生活中的问题，并用此来审视、评判、监督我们的党和政府，检验我们的领导干部是否真正的践行了马克思主义。这也是新时期我们政党的学风要走群众路线的积极意义。

最后，向实践学习能协助解决新问题。人类知识的获得都是通过人们的直接经验或者间接经验，而直接经验的获得就是通过实践，也就是说实践活动是知识获得的重要途径，并且科学的知识需要经得起实践的检验。马克思主义认识论告诉我们，认识依赖于实践，实践出真知。毛泽东在革命中一直强调人的正确思想只能从社会实践中来。既然实践是知识的源泉，那么我们党员的学习内容就必须要经过实践检验。凡是实践检验过的不科学、不适用的知识、方法、观点与思路，就不能继续遵循，更不能依靠其来解决现实中的具体问题。不仅如此，向实践学习还表现在党扎根于现实问题。党员干部向实践学习，就要积极投身到实践活动中去。因此，党员只有把自身的学习投入到实践的熔炉中，才能够真正获得用以解决现实问题的硬本领。

（三）马克思主义学风为解决现实问题提供重要方法

学风建设是以树立科学的思想方法和工作方法为目的，调查研究是中国共产党始终坚持和重视的具体工作方法，是取得正确认识的根本方法，是将马克思主义理论不断地与实践活动相连接的介质。毛泽东自始至终都十分注重调查研究。他认为，调查研究是实现马克思主义与中国的具体实际相结合的根本方法，是联系理论与实践的纽带，是反主观主义的最重要的武器。只有通过调查研究，才能准确地、客观地获得第一手材料，对客观的具体情况和形势进行分析，用科学的方法展开研究，从中得出正确的结论，用于指导实践。在这样的环节中，调查研究就把理论和实际联系起来了。毛泽东曾说："没有调查，就没有发言权"。江泽民也指出，我们的"谋事之基，成事之道"途径之一，就是坚持调查研究、实事求是。因为这是在建设现代化过程中，寻找最佳方案、探索最新途径和采取最优措施的重要途径。事实证明，调查研究是探索和解决所有问题的前提。没有调查就不明事情的真相，不明事情的真相，自然就没有发言权，也就更无决策权。如果各地党组织的领导成员，对本部门本地区具体实际缺乏深入细致的调查、了解与研究，是无法正确解决工作中存在的问题的。

我国正处在全面深化改革的攻坚时期，调查研究作为传统的工作方法具有当代价值，仍然是在新阶段发现问题、解决问题的重要途径。2010年中央办公厅印发的《关于推进学习型党组织建设的意见》中明确要求，建立健全调查研究制度，指出调查研究是推进决策科学化、民主化的重要基础。习近平在2011年中央党校讲话中，再次强调调查研究是领导干部执政能力的重要组成部分。它不仅仅是工作方法，更能决定党的事业和国家的发展。解决现实发展中错综复杂的问题，是对调查研究提出的新课题，也是时代给予马克思主义学风提出的新挑战。通过学风建设中思想方法的创新，通过用正确的态度和方法做调查研究，通过对调查研究的对象和目的的科学把握，马克思主义认识论和方法论才能有效地运用于深化改革的现实中。

新时期新形势对思想观念和思想方法造成的巨大影响，给党的事业增添了许多矛盾与挑战，学风建设任重而道远。随着深化改革的不断推进，原有的理论回答不了不断发生的新问题与新课题，学风建设是至关重要的一环，转变思想方法和工作方式，提升执政能力，做到理论联系新的实践，才能步伐稳健地迈向深化改革的最终胜利！

第三章

中国共产党学风的突出问题及其深刻成因

前文对党的学风的概念、党的学风建设的理论与实践发展以及启示意义进行了分析,阅古思今,当前党的学风建设面临哪些挑战?面临挑战当前党的学风建设的现况如何?问题是时代的声音,这就需要对当前存在的突出问题做具体分析。结合调查问卷结果,从思想立场、思想路线、思想方法方面分析当前学风存在的主要问题,是学风建设中"照镜子"的必要环节。事物的变化是外因和内因共同作用的结果,当前学风的突出问题的深刻成因,必然能从心理因素、文化因素、社会因素中找到答案。

第一节 党的学风建设的时代挑战

重视分析形势,是我党重要的思想方法。我们面临的机遇与挑战是前所未有的。随着经济和技术的不断发展,世情、国情、党情的变化对于任何政党的生存与发展而言,都是不容忽视的。当前全球化、市场化、网络化是不可逆转的历史潮流,成为了诱生党的学风问题的重要影响因素。面对前所未有的严峻考验,党员思想方面作为党的学风的直接体现,首当其冲地受到全面的挑战。

一、全球化对党员思想的多种渗透

全球化时代，是通过经济全球化打破政治框架并影响整个国际秩序，从而促成各国家、地区、民族间的政治多极化和文化多元化的时代。随着国际贸易、对外交流、出国留学的不断增多，全球化的迅猛发展改变了人们的生活方式和思维方式。在经济、政治、文化等领域，全球化、多极化、多元化呈不可阻挡之势，对党员思想不断地进行渗透，对党的建设产生了深远的影响。

（一）经济全球化影响党员价值观

马克思、恩格斯在《共产党宣言》中做过阐述："不断扩大产品销路的需要，驱使资产阶级奔走于全球各地。资产阶级，由于开拓了世界市场，使一切国家的生产和消费都成为世界性的了。……物质的生产是如此，精神的生产也是如此。"[①] 中国自改革开放以来，不断融入国际经济体系之中，尤其是加入世贸组织之后，和国际经济的联系越来越紧密，已经不可分割。人们通过对投资与消费方式的变化，与西方的生活理念和价值观念相互融合。然而，全球化由西方资本主义国家发起并控制，经济全球化凸显出发达国家在国际贸易中的优势，进而使其具有较大的经济势力和优越地位，全球逐渐建立其更利于发达国家发展的经济秩序，加之发达的资本主义国家生产力发展水平高，人民的生活水平优越，许多产品在国内占有的比例不断增加，人们逐渐开始接受他们的商品，向往西方的消费方式，思想观念也开始接受西方消费文化理念。与此同时，党员的价值观念随之出现物质在先，精神在后；经济在先，政治在后的痼疾。如何确保我们不成为资本主义国家经济和价值观的"殖民地"，如何保护我国的经济发展安全、树立社会主义核心价值观，是当前每位党员需要认真思考并寻求答案的问题。

[①] 马克思恩格斯选集（第1卷）[M]. 北京：人民出版社，1995：114、276.

(二)政治多极化激化对立制度的思想矛盾

经济全球化促使了政治主体间相对距离的缩小,也使资本主义国家通过经济手段,达到政治上实施和平演变战略的目的。法国学者布迪厄在《遏制野火》中揭示,"全球化是一种有预谋、有组织实施的'政治行为',是一场'旷日持久'的'思想灌输工作'在人们心目中强加的信仰"①。改革开放使我国的经济走向了世界,成为了迅猛发展的经济大国。同时,资本主义国家意识形态对其渗透的脚步愈发急促。西方国家开始极力地推进政治多极化,通过国际会议、国际组织、国际交流、国际教育等通道,使用网络、书本、电影、新闻等传播途径,宣传和鼓吹宪政民主、多党制、自由主义、人权意识,宣扬西方政治人物、政治制度、执政理念等,甚至利用分化势力、邪教组织等方式不断对社会主义制度、民主政治、马克思主义理论、国家领导人、共产主义理想、社会主义价值观进行抨击和反讽。资本主义国家与社会主义国家不同的意识形态矛盾激化,有些人在西方一些错误思想的诱导下,表现出难分是非、理想信念丧失、道德观念弱化,甚至受到利益驱使同国外敌对势力一起,对包括党员在内的国人进行精神侵略。上述现象对人们思想产生了不可低估的恶劣影响,对党的学风造成重大影响。

(三)文化多元化促使西方文化思想"大行其道"

文化总是与经济、政治结伴而行,文化多元化是指各种文化以多种方式在全球范围内交锋、交流、融合的过程。西方国家的语言和教育优势成为了宣扬自己文化的强大武器,英语作为世界语言,将西方的思维方式、价值观念植入中国人的思想,部分国人尤其是知识分子、青年学生党员在留学、交流、研读中禁不住思想上的迷惑,出现了对西方文化的盲目崇拜,本国的文化自信受到了严重的威胁。影视作品、流行音乐、图书制品也是西方国家文化渗透的重要工具,比如美国电影《超人》《蝙蝠侠》《勇敢的心》等系列电影宣扬了西方的个人英雄主义,《空军一号》《独立日》《天

---

① 河清. 全球化与国家意识的衰微[M]. 北京:中国人民大学出版社,2003:3.

地大冲撞》等影视作品宣扬了西方国家的领袖精神。美国推行文化全球化的策略毫不隐讳，《华盛顿邮报》曾刊登文章，指出流行文化作为美国最大的出口产品，涌入到全球的各个国家。在我国对引进海外电影加以控制的情况下，仅2012年国内票房收入前10名中，就有7部来自美国好莱坞电影，美国成为了电影票房的一枝独秀，美国电影成为了西方自由主义、个人主义、享乐主义、消费主义文化思想的讲演场。以美国为代表的西方国家正用更多的文化产品，向人们肆虐传播他们的文化思想，无形中剥夺了本国文化保护和发展的权利，使许多国人本土文化素质低下，对本国文化思想的抵触情绪横流泛滥，这是对人们思想的一种污染和收买，阻挠和割裂了民族文化、政党文化的顺利传承与发展。

全球化、多极化、多元化以经济、政治、文化的往来形式不断地将西方思想渗透到党员头脑中，由于它具有隐蔽性和复杂性，因此它所发挥的作用是潜移默化难以防备的。为防止腐朽、落后的思想滋生蔓延，防止反马克思主义思潮对党的精神家园不断地冲击，思想除疾刻不容缓，学风建设势在必行。

二、市场化对党员思想的全面挑战

市场经济的实行，为我国经济的快速发展找到了突破口。同时市场化也是对社会主义意识形态的一种挑战，是对社会主义道德观和党的理想信念的冲击，是对党员思想的全面考验。

（一）资产阶级自由化侵蚀党员思想意识

社会主义在计划经济向市场经济的过渡中，意识形态的一元指导地位受到严峻挑战，党的思想观念和思想方法发生急剧变化。正如恩格斯说："人们自觉地或不自觉地，归根到底总是从他们进行生产和交换的经济关系中，获得自己的伦理观念。"① 中西方经济制度和价值观念相互交错和融合

---

① ［美］塞缪尔·亨廷顿. 难以抉择——发展中国家的政治参与（汪晓寿等译）［M］. 北京：华夏出版社，1989：69.

的过程中，否定社会主义制度、否定马克思主义价值观的思想随之袭入，玷污了党员思想的纯洁性，破坏了党员的精神世界。有的党员受拜金主义、利己主义、享乐主义的资本主义思潮影响，为了个人利益、经济收入、物质享受，禁不住金钱和美色的诱惑，丢弃了一名党员应有的理想信念，做出了违背集体利益和国家利益的可耻行为——贪污受贿、徇私枉法、盗取机密……2015年1月5日，《央广新闻》报道，日前官方披露了一位军工单位职员将我国研制尖端武器的情况出卖给国外情报机构。这位职员由于对金钱充满了渴望，腐朽思想严重，被定为了国外情报部门的培养目标，通过送钱赠物的方式将其收买，多年来党和国家对其进行安全保密意识的培育功亏一篑。市场经济的大潮中，人们容易产生金钱至上、利益为重思想，极力地推崇资产阶级的人生观、世界观和价值观，有的共产党人的思想意志不断衰退，思想堕落不堪导致走上了犯罪的道路，成为了党的蛀虫。2010年美国《世界日报》公布的一项民调显示，在全世界23个国家中，中国成为了世界第一"拜金主义"国家。由此可见，资产阶级自由化思想已经在党和国家意识形态中产生萌芽，肆意生长。

（二）市场逐利性歪曲执政思想

"一切以经济建设为中心"的提出符合当时的国情，但绝不是可以牺牲一切代价地发展经济。正是由于有些党员干部对这一指导思想的片面理解，只关注经济增长的速度和自身政绩的多少，出现了许多环境保护、产品质量等方面的问题。市场经济迅猛发展的背后，环境保护与食品安全已经成为了国人最担心的问题，党和国家也已经意识到问题的严重性，相关政策与制度不断出台。但是还是有党员干部拿经济市场化当挡箭牌，逃避对违规违法行为的管理与惩治，党员主体意识薄弱。持有不作为就不出事、要做事必利己的错误思想态度，对市场的监管不严，对政策的执行不到位，对人民群众的利益不关心，放纵了一些企业的违法违规行为，致使政策、制度不能落到实处。在深化改革的新的历史时期，我们要依靠学风建设，坚决杜绝对"以经济建设为中心"的歪曲理解，防止片面地孤立地看待经济建设问题，提升驾驭市场经济的能力，找到有效措施使中国经济健康持续发展。

（三）市场交易滋生党员贪腐思想

我国正处于市场经济体制深刻变革、利益格局深刻调整、思想观念深刻变化的历史时期。在制度体系、权利分配等方面存在的诸多问题，为腐败现象的滋生提供了土壤和条件。2013 年 3 月习近平在审议《政府工作报告》时告诫党员要抵制诱惑和权力陷阱，坚定理想信念，保持高尚情操。市场经济中的交易活动，使党的干部在工作中不可避免地与商界之间来往，官与商之间的交往如何保持公私分明，是对党员底线思维的一种考验。社会主义市场经济大潮中，权钱交易问题已然成为了党员干部思想腐化的重要表现，他们更多地从自身利益出发，进行价值评判和道德选择，使贪腐之心在党员干部中发酵，在党内从上至下形成了"潜规则"，包括"大老虎"和"苍蝇"的各级官员的经济犯罪屡见不鲜。十八大以来，截至 2016 年 8 月底，处分的党员干部逾 18 万，其中包括副国级以上官员和中央委员。我党已经开展全方位、无死角的反腐工作。但是腐败问题是极其复杂的，贪腐行为易通过转换阵地转换手段而得逞，如 2015 年 3 月两会期间，代表普遍反映，党员干部以公款吃喝的问题减少了，但变为了老板买单，形成了新的利益交换。解决腐败问题的根本是防治兼施，学风建设是党建中防腐防变的第一只手，通过廉政教育、强化制约监督，促使党员干部自警、自省、自律，筑牢拒腐防变的思想防线，抑制腐化思想的产生才能有效防止腐败行为发生。

三、网络化对党员思想的双重作用

十多年间，互联网经历了从罕为人知到广泛应用，它的迅猛发展使其成为了人们重要的生活方式，彻底改变了人们的思维方式，我们已悄然进入到网络化时代。根据第 39 次 CNNIC《中国互联网络发展状况统计》报告，截至 2016 年 12 月，我国网民规模达 7.31 亿，互联网普及率为 53.2%。网络成为各种社会思潮交流、交融、交锋的阵地，对党员思想发展带来前所未有的机遇与挑战。

(一) 网络化为党的意识形态提供新的视野

首先,网络化为党的理论创新提供平台。党的主流意识形态是以马克思主义理论为主导的意识形态,体现马克思主义学风,其本质是坚持将马克思主义理论与实践活动有机结合。马克思主义理论的形成是吸纳人类文明成果的前提下形成并发展的,马克思主义理论的中国化是结合世情、国情与党情,并通过实践活动得以不断创新。"马克思主义发展史告诉我们,科学社会主义的发展不仅是在与资本主义的斗争中实现的,而且是在对形形色色社会主义思潮和流派的批判和比较中实现的。"[①] 网络化开阔了人们的视野,使人们对不同文化、思想、理论进行借鉴、比较、吸纳、批判,从而达到创新发展马克思主义理论的目的。

其次,网络化为党员的思想教育打破限制。远程教育、在线会议、学习软件等信息化工具拓宽了党员教育的途径和方式,为党员思想进步提供了更直接有效的方法。同时,网络的无界性与互动性有利于人民群众充分的表达意愿、发扬民主与监督作用,通过各级正式的党建网站、论坛、微博、微信等网络传播形式,为国家、政党、人民之间搭建信息沟通的桥梁。人民群众可以通过网络了解党的最新政策、信息动态,国家和政党可以参照网民选举、网民建议体察民情、集中民智、了解民意。第39次报告中还显示出,微信、微博、博客的规模发展迅猛,它作为社交媒体发挥了快速的传播速度、深远的传播范围和积极的社会影响力。可见,这些方式打通了党员学习知识和向群众学习的通道,使党的决策科学化、民主化。

(二) 网络化使党员思想面临严峻考验

首先,网络化的多样性和复杂性容易使党员理想信念淡化。之前党员进行学习和获取信息是通过图书、报纸等工具,或通过集中学习、教育培训等活动。党的意识形态建设具有组织性和可控性,网络化带给党员自主选择学习信息的同时,它的分散性、多变性、盲目性易使意志不坚定的党

[①] 靳辉明,谷源洋.当代资本主义与世界社会主义(下卷)[M].海南:海南出版社,2004:699.

员背离主流的意识形态。在调查访谈中了解到，有的党员觉得党的官方网站、报刊杂志的内容很枯燥、乏味，很多空话大话，不能够激起他们的学习热情，也不能解决他们思想上、工作中的实际问题，大量的网络资源刺激着他们的神经，他们失去了党员对党组织的归属感和认同感，党的指导思想遭到质疑，甚至认为马克思主义已过时，嘲笑和讥讽愿意研读党的理论的人。他们开始奉行享乐主义，尤其是有的青年党员，沉迷于网络游戏、色情网站，加之西方宗教思想和传统迷信思想乘虚而入，使党员价值观扭曲，宗旨意识淡化，忧患意识荡然无存。这部分党员走在思想意识的高危线上，在思想教育活动中拉他们一把，可能就会回归到主流意识形态中，放纵他们就会使党员的理想信念彻底丢失。

其次，网络中的错误意识任意蔓延扰乱党员思想。信息网络化模糊了国别、地域的界限，使其具有广泛性、渗透性等特点。庞大的网络信息中，一些错误观点、西化思想大肆炒作，无限放大。加之我国网民的教育程度不高（见图 3.1），他们的思想容易受到蛊惑，面对党的突发事件和新闻报道，容易理解片面或产生偏激思想，在网上不断发泄和抱怨，甚至肆意造谣。如果对这些有害言论、错误观点和恶意谣言不加以控制和监督，会激化矛盾或无事生非，给党的事业平添无中生有的困难和不必要的麻烦。发达的资本主义国家掌握着全球网络的核心技术，也通过网络化控制我国的互联网获取可利用信息。2014 年中国互联网发展报告称，我国面临大量境外网络威胁。更值得我们警醒的是，西方文化是网络世界的主宰者，美国等西方发达国家利用网络地位施展霸权野心，通过对知名网站、电视台、电影的操控，侵略着我国的文化领域。中国共产党所面临的网络安全威胁和意识形态斗争史无前例，如何应对网络化对党的全面挑战成为了新时期党建中的重大课题。

全球化、市场化、网络化作为当今时代的重要特征，诱发出许多的学风问题，也是对当前党的学风建设、思想建设、执政能力建设提出的时代要求。

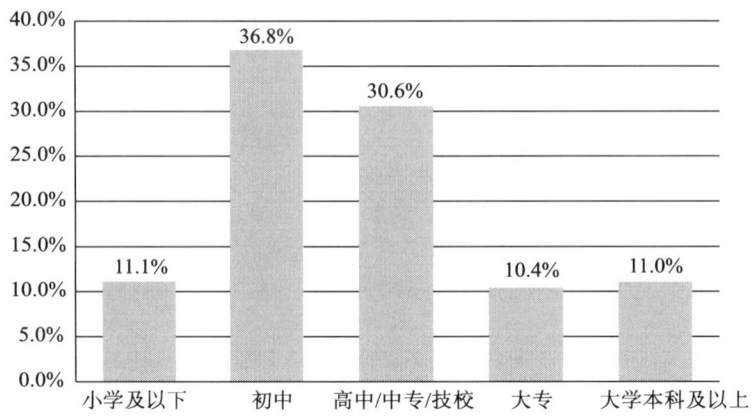

图 3.1　中国网民学历结构

（数据来源于中国互联网络发展状况统计调查，2014 年 12 月。）

第二节　当前党的学风的突出问题

2013 年 4 月 19 日，中央政治局召开会议决定在全党开展党的群众路线实践活动，活动中提出正确把握和贯彻"照镜子、正衣冠、洗洗澡、治治病"的总要求，这是新时期党的整风活动。学风作为作风的重要部分，是贯彻群众路线的重要突破口。解读现存问题是"照镜子"的过程，剖析问题的深刻成因是"看看病"的过程，找寻解决的路径就是"治治病"的过程。其中"照镜子"是解决学风问题的基础和关键。

为了充分了解目前党内学风的情况，笔者用近一年的时间，向北京、内蒙古、天津、辽宁、河南、云南、深圳等地区的党员随机发放了 1000 份调查问卷（见附录），并对部分党员进行了访问与交流。问卷有效回收 990 份，回收率 99%，问卷地区分布情况见图 3.2，被调查者情况见表 3.1。

调查问卷涉及 5 方面内容，包括个人情况（A 类）；思想认识、思想问题和学习态度（B 类），包括如何解决学习上的困难？什么是党员进步的主要因素？获得学习机会的目的是……；学习情况和学习内容（C 类），如获得知识的具体途径是？每周的学习时间是？学习最多的内容是……；学习方法、学习制度（D 类），如所处组织是否有明确的学习计划？参加党组织

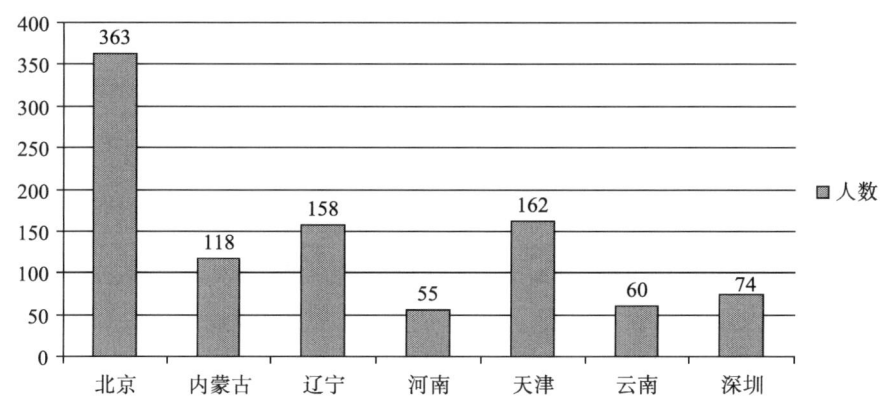

图 3.2 问卷地区分布

表 3.1　　　　　　　　被调查者情况汇总表

		调查问卷频次（人）	百分比（%）
年龄	20-30	39	3.94
	31-40	234	23.64
	41-50	663	66.97
	50以上	54	5.45
性别	男	537	54.24
	女	453	45.76
职业	公务员	744	75.15
	行政单位	36	3.64
	国有企业	174	17.58
	其他	36	3.64
学历	中专及以下	6	0.61
	大专	33	3.33
	本科	753	76.06
	研究生及以上	198	20.00

学习的频度是……；还设置了一个开放性题目（E类），即对学风建设的意见？共计40题，力图用调查结果来反映当前党员在学风上存在的突出问题以及当前学风制度建设方面存在的问题。问卷回收后，通过对数据的整理、统计和分析，结合其他调查结果和资料分析，将党员主体的突出问题总结如下：

一、背离马克思主义的思想立场

理解、信仰、运用、发展等几个方面,表现出无产阶级政党对马克思主义的基本立场。众所周知,社会主义市场经济体制改革是在解放思想、实事求是的基础上提出的。在开放的市场经济逐利性思潮冲击下,在资本主义个人主义思想渲染中,动摇了部分党员的思想立场,出现了背离马克思主义思想立场的不良学风。结合调查问卷中的相关问题,体现在思想立场上的学风问题主要包括:

(一) 入党动机中忠诚度下降

共产党员的正确入党动机是信仰和坚持马克思主义,为了献身共产主义事业,更好地为人民服务。而调查问卷 B6 关于入党原因的调查中,65.15% 的调查对象的入党动机并非如此。改革开放以前,绝大部分党员入党过程需要经受多层考验,入党是为了更好地为人民服务,是为了能够实现共产主义目标而奋斗终生。而改革开放以后,特别是当下,入党为高校中成绩优异、特长突出的学生亮出了通行证,成为了考取国家公职人员的衡量标准,或者说成为了一种身份的象征抑或是对组织权利的向往。入党动机不纯,就很难拥有坚定的马克思主义思想立场,拥护党的思想路线。在学习和工作中具体表现在不真学真信真用马克思主义,对理论知识的学习不够,理解不深,对理论学习缺乏主动性、系统性;对党的事业没有强烈的事业心和责任感,不能以高涨的革命热情投入学习和工作中去,产生了严重的学风问题。

(二) 理想信念意识逐渐淡化

问卷中 B7 关于党员思想上出现的问题调查中,有 21.82% 的受访者认为是由于理想信念的动摇(见图 3.3)。

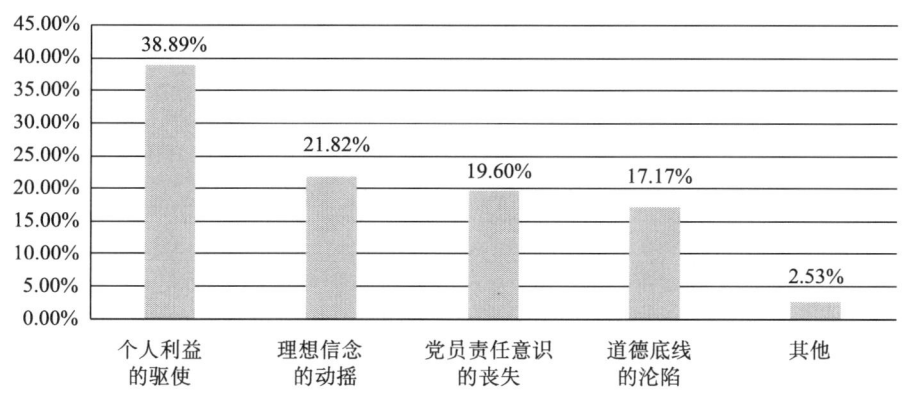

图 3.3　影响党员思想问题的原因

随着新中国的建立，党的事业取得了举世瞩目的成就，成就背后是人们对共产主义信念的坚定不移，对无产阶级专政的坚定拥护和对中国特色社会主义理论体系的认同。但是某些党员思想过度西化，迷恋西方意识形态甚至是想把西方社会的政策、制度等完全的模仿照搬，这是对党的理论、领导能力的质疑，是对走中国特色社会主义道路的理想信念的丢弃。一些党员干部理想信念不坚定，甚至不信马列主义，只相信权力和金钱；有的党员表现出思想迷惘，宗旨观念淡薄，对群众缺乏感情、态度冷漠，在学习和工作中具体表现为不能严格要求自己、缺乏进取精神，缺乏感召力、号召力与影响力等。这是对共产主义失去信心的表现，是马克思主义思想立场动摇的表现。

（三）党员求利心理不断膨胀

B7 中有 38.89% 的党员认为与个人利益有关（见图 3.3）。唯物主义者承认"利益"对人们的物质生活起支配作用。人们在学习、生活、工作中无时无刻不在追求着利益。党员的本质属性也是人，必然摆脱不了作为人的这个基本属性。适当的追求"利益"不仅能满足人们对基本生活物资的追求，而且在一定程度上能体现个人作为社会劳动者的价值体现。对"利益"的追求本身没有错，但是在市场经济的冲击下，在理想信念、革命信念不坚定的触动下，畸形的利益观逐渐演变成为一切向钱看、利益为先的拜金主义。这是实用主义学风的体现，它的危害在于破坏了理论体系的完整性和科学性，党员学习的内容和形式都以利益为导向，什么有好处学什么，而忽略了党员还应该学习一些必须具备的知识。不断地主动重温马克思主义经典著作、党的政策方针会议精神和文件，是党员的基本义务，是对党员具有先进性的基本要求。求利心理的不断膨胀诱使部分党员思想不再具有先进性，逐渐放弃了共产党员的思想立场。

二、割裂理论联系实际的思想路线

习近平在2009年中央党校开学典礼讲话中直接指出，当前党员干部存在不愿学、不勤学、不真学、不深学、不善学等问题。其中形式主义是典型的割裂理论联系实际的思想路线的不良学风，是十八大以后我党集中解决的"四风"问题之一，位居其首。前文中对以往学风建设过程中出现的形式主义做了详细的阐述，毛泽东把形式主义形容为最低级、最幼稚、最庸俗的方法。习近平也一针见血地指出，形式主义是求真务实的对立面。学习态度是思想态度的重要展现，党员学习态度表现为消极被动，凸显为形式主义的学风问题。

（一）丢弃了马克思主义作为解决现实问题的思想武器

马克思主义是无产阶级的理论旗帜与行动指南，中国共产党要顺利地进行社会主义建设，时刻离不开马克思主义的指导。当前，形式主义者把马克思主义当作了附属品而不是必用工具。调查问卷中显示，58.79%的党员表示马克思主义经典著作、党的领导人的重要思想等与自己不一定相关。就出现了在工作中偶尔讲讲马克思主义来炫耀自己的理论功底，在解决实际问题时随意套用些理论而不顾及它的匹配性，任意剪裁理论，断章取义，这是学用脱节、不善学的不良学风。调查问卷B17中有38.7%的人表示"不知道学习什么，不会学习"是影响当前学习效率的重要原因。为了学习而学习，这显然是违背马克思主义学风本质的，因此要采取有效措施来纠正党员的指导思想，要做到向书本学习、向实践学习、向群众学习，才能真正做到理论联系实际。不能学习、工作"两张皮"，在工作中成为"演说家"，搞"文山会海"，说尽空话套话，做尽表面文章。《礼记》中有言："不善学者，师勤而功半"。把马克思主义比作党员的思想导师的话，不善学的党员在学习理论时把握不了马克思主义的科学性，在运用时会略掉马克思主义的指导性。因此不切实际、不重实效的现象屡有发生，导致用科学理论指导实践、解决具体问题时违背了党的思想路线。

（二）对待学习态度消极，理论脱离实际

概括而言，近年来习近平强调当前存在的学风问题主要反映在党员学习态度消极、理论脱离了实际上。

1. 不思进取，不愿学。当前，部分党员认为学习并不是件高兴的事情，总是回避学习。B17 关于影响学习时间原因调查显示，有 14.44% 的被调查者表示对学习不感兴趣，认为读书不是必要的事情（见图 3.4）。

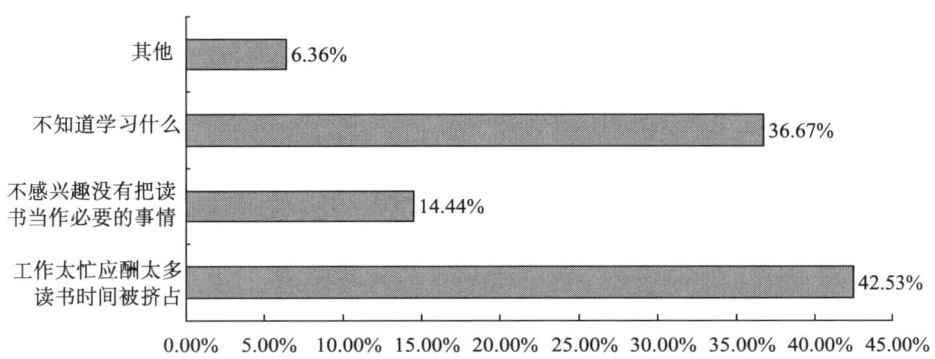

图 3.4　制约党员学习时间的原因

"学而时习之，不亦说乎"出自孔子的《论语》，说的正是学习知识并可以实践，应该是件开心的事。可是，当前一些党员并不以此为乐。B18 显示追求物质享乐，不愿读书的党员数量可观。有的党员强调没时间学习，本末倒置，将时间用于应酬；用消极的态度面对理论学习，拖拖拉拉能躲就躲；弱化学习的作用，认为不学习照样能干好工作，干好工作就是最好的学习，以干代学；甚至还有党员在有机会参加培训和学习的时候，"身在曹营心在汉"把精力放在了应酬和交际上，故意缺席，不交作业，让人代写或者考试时候冒名顶替或者抄袭。党的干部已经出现许多放弃学习机会而走向违纪违法道路的事例,如共产党员沈阳市原副市长马向东等人,就曾经 5 次在党校学习期间,私自到港澳进行赌博活动。很多干部的这种懈怠思想来源于对现状的满足,认为自己的工作无人能代替,于是故步自封、乐不思蜀,党员的先进性正经受质疑。

2. 忙于事务,不勤学。B17 显示,有 42.53% 的人选择了因"工作太忙抽不出时间学习"作为影响当前学习效率的重要原因(见图 3.4)。

在当前我国的政治体制下,领导干部需要负责的工作很多,各类事务繁杂,需要把关和决定的事情应接不暇,能够完成任务已实属不易,如果还需要在事务缠身之时挤时间学习,往往困难重重。党员干部经常使自己陷于不停地起草文稿、修改文稿、整理文稿以及一些事务性的工作中,不停地搞文字游戏或者做一些没有工作效率的事情,大大制约了党员进行有效学习的时间。客观的不利因素必然存在,但是主观因素才是决定性因素,即党员的思想态度。2014 年 4 月由中国新闻出版研究院进行的调查显示,国民年人均图书阅读量为 4.77 本,未成年人阅读量为 6.97 本。而笔者做的调查研究 C23 显示,党员年人均阅读量虽然也集中在 4~8 本,但是没有明显的超过人民大众,因此就读书量来看,党员学习积极性并不显著(见图 3.5)。

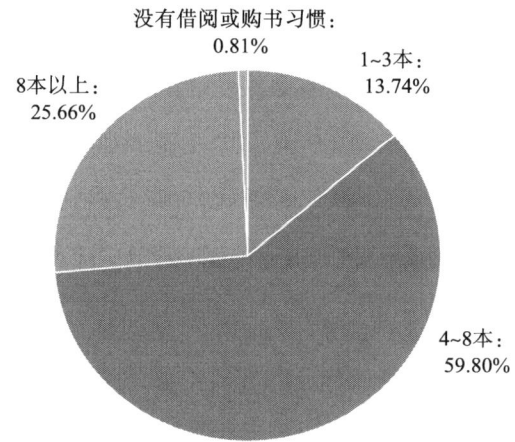

图 3.5　党员每年购书或借书的数量

共产党是无产阶级先锋队,决定了党员思想上的先进性,也应具体体现在读书学习上。因此党员首先应当学会高效安排和利用时间,合理分配轻重缓急，同时，也应当最大程度上减少不必要的应酬、事务，转变学习态度。

3. 走走形式，不真学。形式主义是不良党员思想作风的典型，是消极的学习态度的具体表现，比如有的党员干部对学习认识不全面，在学习中不刻苦不钻研。调查显示，大多数人没有经常做"调查研究或者实地访谈"，多数是依靠点书本知识或者是文件甚至只是领导的指示展开工作。表面上花费了时间来学习，实则只知其一不知其二，唯书唯上，学得到皮毛学不到精髓，不在学习并应用党的理论上下真功夫，学而不实、学而不信、学而不用，学习效果极其不好。有的党员干部认为从事党的工作很久，把握政策较准，学习理论知识时显得漫不经心，办公室和家里的书籍作为装饰物或用来装点门面，这对党员干部的形象造成了不良影响。

4. 浅尝辄止，不深学。在调查B18"影响党员干部学习质量的因素"时，41.62%的调查对象选择了"浅尝辄止、不求甚解、不善读书"，可见形式主义是当前学风里存在的最普遍最严重的现象。有的党员愿意学习也知道学习的重要性，但在实际学习活动的过程中，心浮气躁、只学皮毛、敷衍了事或只为了某个目的而学习。有的党员干部在参加学习活动时按部就班地走走过场，没有完整地学习到马克思主义的真正观点和理论实质，没有完全掌握思想精髓来指导实践。他们在执行党的方针路线政策时就势必加入了个人的主观色彩，在运用理论时不注意研究与分析，不会审时度势，不考虑因地制宜，这会影响一个部门、一个地区甚至更广泛地带的科学发展，是理论脱离实际的具体表现。

三、歪曲实事求是的思想方法

习近平在2015年1月中央政治局集体学习时指出，当前出现了思想方法不管用的现象。调查问卷中也显示出，当前学风问题还体现在思想方法落后，脱离实际上。具体表现在以下几个方面：

（一）拿来主义成风

对于调查问卷中B12"工作中遇到了问题一般怎么解决？"这一问题，

87.07%的被调查者选择向领导请示、向同事朋友请教,而选择查阅资料仔细研究、依靠主动学习钻研的党员较少。这一回答在现实工作中得到了印证,我们很多党员干部遇到需要解决的困难问题时,不是去仔细斟酌研究与依靠学习,而是"拿来"色彩严重,知识与经验拿来就用;在传达中央文件精神、召开党务会议时,也是习惯照本宣科,没有自己的思想见解,没有积极的态度开展学习和研究。调查中也涉及"如果免费提供学习信息是否愿意接收"的问题,有98.7%的人表示愿意,但是涉及每年购书和借书的本数时,数量就不太可观,这表示大家的学习多半是灌输式的,随手就可得来的知识可以学习借鉴,通过自己努力和付出得到的知识就找理由和借口搪塞,这体现出党员对于学习采取不科学且非实事求是的思想方法。

(二) 调查研究缺失

在调查问卷C19中,有72.12%调查者表示获取知识的主要途径与调查研究无关。C27中显示有87.98%的党员不经常做调查研究。显然,调查研究作为一种学习方法与工作方法,被有所忽视。目前,我国处于深化改革的攻坚阶段,调查研究仍然是发现问题和解决问题的重要途径,是共产党人始终应该坚持和重视的工作方法。调查研究不充分就很容易做出错误的决策。可是在学习和工作中,一些党员干部忽视这种科学的方法,或由于方法不当导致调查研究无法进行,调查的动机和结果毫不相关。一些党员干部惯用的不调查、不研究、不同群众商量,主观草率做决定,一直都是学风问题的所在。在如今个人主义、趋利思想作祟下,忽略体现实事求是的调查研究方法,这一问题更为突出和严重。

(三) 思想方法落后

在调查"您喜欢学习哪类知识"问题时,有79.84%的被调查者选择了与自身业务相关的知识和实用类知识,选择政治理论类、传统文化类、思想心理类的人很少。这是由于党员思想具有功利性导致的。中国史学会会长张海鹏教授指出:"当前学风最严重的问题是一切向钱看。"① 很多党员都希望学习对自己能起到立竿见影的知识,而忽略了学习上要"百花齐放",不能功利性太强而"顾此失彼"。水桶的短板原理也适用于对于理论与实践的知识学习,如果党员干部只关注于能提高专业水平的,能帮助个人提升、当前考试的局限性知识的话,就很可能在其他方面比如思想意识上、综合素养上、工作理念上有"短板"。这样就很难具备深邃的思想方法,处理问题时就容易受专业的局限,不具备系统思维和战略思维,不能站在党和国家的高度上,不能实事求是全面到位地解决问题。

第三节　党的学风问题的深刻成因

当前党内学风问题的形成原因是内外因共同作用的结果。因此不挖掘学风问题的深刻成因,就不能"对症下药"。本书对学风基本要素的阐述,总的来说我们可以将学风问题形容为思想意识的问题。本节将以心理根源、文化根源、社会根源三个重要因素入手,结合心理学、社会学等学科知识,从党员思想意识出发分析当前学风问题的深刻成因。

一、心理因素导致意识偏差

现代心理学,把意识定义为人们对外界的关注和反应,是人类特有的高级心理活动,包括感觉、感知、思维等各种心理过程的总和。"党员意识是指对行为规范的认知、情感、信念、态度等精神现象的总和。"② 因此,学风作为党员思想意识的行为表现,受党员的心理活动影响。党员是政治人、社会人、经济人的综合体,党员的心理问题可以从党性心理、社会心理、个人心理三个角度来审视。

---

① 张海鹏.最严重的问题是一切向钱看——关于学风问题的几点感想[J].红旗讲坛,2013(10).
② 林彦博.试论增强党员意识[J].党建研究,2011(5).

(一) 党性心理弱化,影响党员责任意识

美国心理学家施恩提出了心理契约的概念,他认为"组织中的每位成员在任何时候都存在一种没有明文规定的期望"。党员党性心理主要包括思想态度、组织观念、献身精神、权利义务约束等,它使党员在党组织中能够得到的期望回馈最间接、最感性且不可量化,因此党性心理的作用较弱。心理契约的核心内容为"个人与组织之间内隐的不成文的相互责任"[①]。当党员在党组织中得不到任何回馈或预期的回馈时,党性心理弱化势必导致党员责任意识不强,丧失了忧党之心和兴党之责。在革命时期由于局势的严峻,党员从入党之时就时刻保有为党献身的思想意识,时刻不忘自己党员的身份。当前党内的大环境是和谐稳定的,导致党员心理上出现"政治麻痹",党员的意志衰退,危机意识孱弱,在学风上表现出安于现状,懒于思考,不思进取。党性心理还体现在党员的思想立场上,党性心理的弱化,使其他心理更多的发挥作用,容易出现思想摇摆不定,头脑不清醒,认为党的事业是党中央干部的事业,是少数党员的事情,与党员个人毫无关系,其政治立场上禁不住糖衣炮弹的诱惑,随心所欲。

(二) 社会心理干预,影响党员主体意识

社会心理指受他人和群体制约的个人思想。它的内容很广泛,包括从众心理、对比心理、补偿心理等。这些心理一定程度上影响党员主体意识,即发挥主观能动性与创造性,自觉维护个人的权利和义务。从众心理在社会群体中普遍存在,传统文化致使中国人更习惯于从众,它的消极作用表现为缺乏主动的分析,不顾是非曲直,不做独立思考,盲目随从。随着青年党员的增多,许多新的观念涌入党内,有些党员总是嘲笑喜欢研读马列主义书籍的党员,认为他们思想守旧跟不上时代潮流。当这种现象增多的时候,本身喜欢研读这类书籍的党员容易因为面子问题、从众心理而选择回避学习和转移学习;对比心理、补偿心理也会"袭击"党员的主体意识。

---

① 程惠君、吴幼珍.探析知识团队的"心理契约"管理[J].商场现代化,2007(3).

受市场经济大潮影响,社会分工不断细化,党员在社会中所具有的身份和地位千差万别,有的党员过度看重个人权力的大小、职位的高低。个人惯用对比心理,喜欢攀比,会导致心理失衡,怨天尤人,思想迷茫,患得患失,表现为对党的发展信心不足,热情不高,对自身发展自暴自弃,对学习活动毫不关心,失去了党员主体意识。当应该主动承担一定职责,帮助他人、乐于奉献时,有的党员受到补偿心理的左右,认为付出应该有所回报,而不是无私奉献,这就是有悖于主体意识的内容即党员正确价值观的表现。

(三)个人需求过剩,影响党员宗旨意识

宗旨意识是围绕主导思想展开的意识觉悟,党员的宗旨意识主要包括理想、信念、动机、观念等。当社会发展到人们求利欲望不断膨胀时,站在经济人立场的党员出现只关心个人物质利益的自我满足,党员的理想信念动摇,党员宗旨意识缺失。马斯洛的需求理论中,从属于生理需求的物质追求位于低层次,而自我实现的需求是最高层次的需求。党员过多的追求物质利益,而忽略自我价值的实现时,就放弃了共产党人崇高的理想和坚定的信念,为人处事的动机不是出于党员的立场,而是为了满足个人的私利需求。毛泽东在《为人民服务》中指出,共产党人是彻底地为人民的利益工作的。当下有些党员认为把"全心全意为人民服务"作为宗旨,是不合时宜和不可实现的一种宣传罢了,显然他们已经不再持有共产党人的理想信念。党员过度的追求个人利益,当群众的利益与个人利益发生冲突时,就很可能完全丧失了党员的宗旨意识。马克思主义的价值观是人民的利益至高无上,那么当个人主义如果成为党员的价值观,它必然会严重损害党的学风和作风。

美国心理学家加涅阐述得更加明确,"学习是指人们的心理倾向和能力的变化,这种变化能够持续一段时间"[①]。这一观点说明人们的心理倾向,会影响人们的思想意识,从而支配党员的学习活动,久而久之会影响学习

---

① 樊琪、程佳莉. 学习惰性研究综述 [J]. 心理科学, 2008 (6).

的风气。因此,学风建设需要从加强党员思想意识入手,充分发挥党员主体作用。

二、文化因素影响精神信仰

文化承载着民族精神,与信仰密不可分。信仰决定了文化的取向,文化表现出信仰的境相。文化是影响人们精神信仰变化的关键要素。信仰是人对某种主张、主见的信任和崇敬,并以此作为行动的指南。信,表示不怀疑;仰,表示崇敬。信仰是行为持久、态度真诚、意志集中的一种文化形态。因此信仰与人的意识形态息息相关,同时通过文化影响着人的思想立场和思想态度。

(一)传统文化中的保守思想

在中国古代长期单一的自然经济和单一的官僚政治基础上形成的传统文化,不可避免地存在思想上的缺陷。如《论语·述而》中孔子自称"述而不作,信而好古",反映了孔子思想保守的一面,同时也对后人的治学方式在一定程度上有所影响。述而不作的学风对于传承历史文化有一定的积极作用,但是从另一个角度来说,正是这种学风导致了后人对学问抱有敬畏权威的态度,做学问仅仅是用来解释经典,却不创造经典。这种思想态度一味强调了因循守旧的研究方式,禁锢了突破性的学术研究和创新思想。汉代独尊儒术以后,经学占据了统治地位。学术研究只是注经、解经,以孔子是非为是非,强调"尊经""崇圣",阻塞了探索未知领域的前进道路。这些传统文化的思想影射到今天,很多人对书上没有的、领导没讲过的不敢越雷池一步,唯唯诺诺跟在别人的后面,做一些拾人牙慧的事情却唯独没有学问上的创新,或对理论创新回避或排斥。这也是形成思想教条主义的一个深刻根源。

(二)我国传统的文化信仰

中国传统文化信仰不同于西方国家宗教信仰。西方的宗教信仰是具象化的，是个体化人体化的神的形式展现的，比如对耶稣对上帝的信仰。而在我国传统文化中，信仰则体现在做人的道理，人与人之间、人与自然之间的关系。儒家"天人合一"、老子"道法自然"的宇宙观，儒家"德治""礼治"的道德观，《中庸》中"天道之诚"的价值观，韩非子的法治观，天下为公的政治理想，天下太平的理想愿景——这些观念作为中国独有的文化信仰，至今在影响国人。但佛教自汉代传入我国，逐渐发展成为君主专制为了巩固封建统治的有效手段，成为封建社会意识形态的重要部分，我国的儒学思想中的信仰开始被迷信化，人们开始没有理性地崇拜鬼神。优秀的传统文化信仰逐渐缺位，人们的思想立场被左右。

（三）我国面临信仰危机

近代以来，我国社会形态经历着由封建社会转为半殖民地半封建社会，再到长期的革命时期。我国社会的精神文明出现断裂，优秀的传统价值观念系统遭受破坏。"五·四"运动以后，马克思主义的春风吹拂祖国的大地，人们在精神信仰上迎来了新的曙光。在艰苦的抗战时期，全国人民尤其是党员，凭借着实现共产主义的理想信念和坚定的马克思主义信仰全身心地投入到抗战中。然而进入到和平时期，当我国的市场经济向世界打开大门的时候，精神信仰处于休眠状态的人们，容易被西方的各种文化所左右，功利性与世俗化成为了当下包括党员在内的国人的思想特征。信仰危机是当前出现在我们日常生活中的高频词，中国调查网 2016 年数据显示，如果把信仰定义为对圣贤的主义或对神的尊崇，对妖魔的恐惧，并把它作为自己的行为准则，53.6% 的人认为有这样的信仰。可见，至少有超过半数的人并没有把文化信仰当作个人的精神信仰，更没有把主流文化当作信仰。体现在学风上，一些党员看不到马克思主义的巨大作用，不肯多花时间去研究马克思主义。

中国文化博大精深、源远流长，与古代埃及文明、两河文明、印度文明并称为历史最悠久的世界四大文明，是中华民族的宝贵财富。历经磨难而不衰的中华文明，蕴涵着丰富而宝贵的思想文化遗产。"诸如筚路蓝缕、以启山林的开拓精神，艰难困苦、玉汝于成的顽强意志，舍生取义、视死如归的英雄气概，海纳百川、虚怀若谷的博大胸怀，修齐治平、治国安民的政治理想，'载舟''覆舟'、居安思危的忧患意识，革故鼎新、自强不息的执着追求等等"。① 中国传统文化中还有各种高雅艺术璀璨夺目，例如诗歌、书法、绘画、音乐等各方面的优秀作品汗牛充栋。十七届六中全会提出全面推动文化大发展与大繁荣，使全国人民具有文化自觉、文化自信与文化自强，这是关系到民族文化、影响学风、党风甚至是政党前途的重要举措。作为党员我们必须把中国传统文化、马克思主义思想、党的文化作为社会的主流文化，包容辩证地看待它，并将它作为精神支柱与文化信仰，将学习主流文化成为一种学习的风气传播开来。

三、社会因素诱生功利思想

社会发展状况是执政党制定路线、方针和政策的重要影响因素，同时也是影响人们思想转变的重要诱因。每一次社会的变革都会使思想领域产生动荡，十八届三中全会精神引领着社会转型发展，会对人们思想方法的更新起到推波助澜的作用，影响尤为深远。社会环境的变迁、组织结构的固化、消费方式的转变，引发出各种矛盾，从而影响和改变着党员干部的思想意识和社会行为，是党内学风问题的社会因素。

（一）社会环境对党员角色意识的负面影响

社会学中"角色"是指"与人们社会地位和身份相一致的社会角色"②。角色意识是角色对自己地位、作用、形象的总体反映，是形成角色权利和义务、地位与作用观念的前提，是行动的先导。党员的身份决定了其在社会活动中扮演特殊而重要的角色。党员角色有其特定的地位身份：无产阶级先锋队战士、人民的公仆，不能凭借个人社会地位、经济地位、工作职务的不同，而高高在上或盛气凌人。党员角色有其特定的权利和义务：党章规定了党员的基本权利和义务，是必须遵守的行为规范，对每位

---

① 习近平. 领导干部要读点历史 [J]. 中共党史研究，2011 (10).
② 奚从清. 角色论——个人与社会的互动 [M]. 浙江：浙江人民出版社，2010：55.

党员的思想和行为具有普遍的约束力。拥有党员的身份就拥有了党员的权利并必须履行好自己的义务,要具有政治责任感和革命事业心。

改革开放和市场经济是时代的选择,社会环境的巨大变化冲击着党员的思想意识,造成了诸多的负面影响。首先,角色意识淡化。前文揭示了当前党员思想功利化现象,党员在入党时存在动机不纯问题,有些党员甚至并不了解党的理论知识,不知道党员的权利和义务,对自己党员的角色认识模糊,对自己所需要扮演的角色不清楚,这些党员容易出现思想作风不端正,工作中不作为。其次,角色冲突问题暴露。除了党员的角色之外,党员还是社会人和职业人。经济社会的发展导致党员往往更注重职业人、社会人的身份,而忽略了党员的角色。作为职业人的党员,往往是追求经济利益的,比如说经营民营企业的党员,那么他思考问题的关注点就是如何赚钱和追逐利润,忽略了党员执政为民、无私奉献、全心全意为人民服务的角色意识,因此会出现用工作的时间、应酬的时间去挤占学习的时间的现象,不利于保持党员的思想先进性。最后,角色失范行为出现。社会环境的大变迁,使人们的价值观的判断标准出现混乱,当个人角色的意识超越了党员角色意识的时候,利己思想就占了上风,很难禁住诱惑,在对角色行为监督不严的时候就容易出现角色失范行为,背叛党性原则,甚至有违法乱纪行为,出现腐败问题。

社会环境对党员角色意识的影响,要求我们必须重视对党员的思想教育和思想监督工作,弘扬正气消除邪气。

(二) 科层制组织与学习型组织的矛盾冲突

科层制组织理论是社会学家马克思·韦伯提出的,是一种集权的金字塔式的组织结构。它以严密的管理系统控制员工的活动,"强调严格的理性、指向效率"[1],在我国政府和企事业单位中得到广泛应用。随着时代的变迁,科层制又称官僚制逐渐暴露出一些缺点,影响了人们的思想和学习问题,具体体现在与当前学风建设的重要组织环境——学习型组织的矛盾

---

[1] 聂子龙. 论科层制与学习型组织的相容性 [J]. 北方经贸, 2003 (4).

上（见图3.6）。

	科层制组织特点 （垂直式）	学习型组织特点 （扁平式）
思想立场	组织意愿 追求工作效率、组织发展 领导者角色：权威、监督者、管理者	共同愿景 追求学习效率、个人成长 领导者角色：设计者、老师、仆人
思想态度	自我保护、命令、服从、墨守成规	积极合作、主动参与、注重创新
思想方法	单一、封闭、静态、刚性、 专业化、层层授权	复杂、开放、动态、灵活、 全面化、自由交流

图 3.6

科层制是一种理想化的组织模型，力求通过监督与控制来行使权力、提高效率，具有刚性。而学习型组织追崇个人的发展，通过发挥主观能动性来促成组织中每个成员的发展。因此在思想立场上，科层制组织领导者的角色是权力所有者，监督和管控组织的其他成员；学习型组织中领导者的角色是设计者、老师和仆人，起引导和服务的作用；在思想态度上，前者的上下级、横向部门间产生隔阂，人们思考问题、处理工作的出发点是自我保护，被动地接受服从，对于制度的态度是墨守成规。而后者注重合作意识，在学习型组织中成员更愿意发挥主观能动性，注重创新学习与工作；在思想方法上，前者由于是单位的权力中心的结构，因此具有刚性、封闭、静止的特点，精细的部门分工致使追求专业化、运用严谨的层层授权的工作方法，后者注重人的思想复杂性，具有开放性、动态化、灵活性的特点，追求人的全面发展和组织间成员的信息、思想的自由交流。如图3.6所示，两者之间的差异很大，现行组织的科层制结构一定程度上阻碍了学风建设的发展，当前要开展学风建设就必须在学习型政党的大环境下进行，因此必须超越科层制的困境，建立起有利于思想进步的先进组织制度。

（三）消费主义刺激下的功利思想

随着经济文化全球化的到来，消费主义文化伴随着跨国公司的广告、商品、销售急速蔓延，甚至成为了人们自我满足的一种生活方式。人们购买商品不是为了其使用价值，不是为了满足单纯的生活需要，而是为了获得付诸商品之上的符号意义。丹尼尔贝尔指出，"资产阶级社会与众不同的特征是它所要满足的不是需要而是欲求。欲求超过了生理本能进入心理层次因而它是无限的要求"①。这种资产阶级的消费方式已严重影响了包括党员在内的国人，他们不再把消费看作是为了满足日常生活需要的行为，而是作为一种自我满足和精神满足的社会存在方式。消费主义也是意识形态的表现，斯克莱尔在《全球体系的社会学》一书中就把全球性的消费文化视为消费主义文化意识形态。它作为一种价值观念，支配着人们的生活方式和实践活动，它对人们在生活中的思想、观念、道德进行控制，必然会使社会主义意识形态遭到侵犯。它所体现的，是一种价值观和文化态度，这种思想渗透到看待学习的问题上，表现为不看重学习的过程而虚荣地看待结果，或对学习成绩和成果进行造假，学习的动机带有功利化的色彩。因此除了本书在现实背景分析中，得出市场化大环境给党员带来了功利化思潮外，消费主义文化也作为功利思想的诱因，成为产生学风问题的根源之一。

中国正在经历着社会的多重转型，既有的社会规范正在遭受着不断的冲击，与此同时，新的社会规范并没有相应的建立完善。我国的改革开放一方面增强了社会的活力，另一方面导致了一定程度的社会失范。社会学家迪尔凯姆在《自杀论》中曾经说过，社会生活的剧烈变化使欲望迅速增长，繁荣愈盛，欲望愈烈，就在传统约束失去权威的同时，渴望得到的报酬越多，刺激越大。这个过程中，一些党员干部的价值观易发生扭曲，会做出为自己谋私利的社会失范行为。如果不能从根本上解决这个问题，就难免使一些党员受到负面影响，从而改变其价值观，这种社会失范所形成的取向会导致功利、浮躁的风气，会对很多的党员干部思想带来功利化的消极影响。

---

① [美] 丹尼尔·贝尔. 资本主义的文化矛盾 [M]. 上海：上海三联书店，1989：68.

第四章

当前中国共产党学风建设的主体修养

"疾在腠理,不治将恐深",我们要具有忧患意识,面对当前存在的学风问题,需要在诸多方面进行努力。继承理论联系实际的优良传统学风,始终是中国共产党义不容辞的责任。内因是事物变化的根据,学风建设要从重要主体即党员自身出发,要主动适应新常态,把握规律谋发展。党的学风建设必须汲取党的历史经验和外国先进的学习理念,对学风建设的关键性内在要素——主体修养展开路径研究。

第一节 提高党性修养,坚定统一的马克思主义的思想立场

学风建设的首要问题,就是明确应该弘扬什么样的学风,反对什么样的学风,这体现了党员的根本思想立场。列宁说:"我们的任务是要保护我们党的巩固性、坚定性和纯洁性"[1]。党性修养是指共产党员按照党性原则规范自己,从思想、道德、作风等方面改造自己,从而形成正确的世界观、人生观和价值观。树立正确观念、坚定马克思主义思想立场,就必须从党员的党性修养入手,党性教育是党思想建设的核心环节;邓小平曾指出,

---

[1] 列宁全集(第1卷)[M].北京:人民出版社,1984:458.

"我们过去几十年艰苦奋斗,就是靠坚定的信念把人民团结起来,为自己的利益而奋斗。没有这样的信念,就没有一切"①。理想信念关系到党员是否能够忘我牺牲、英勇奋斗,直接反映了党性;党员的修养,最基本的内容包括运用马克思主义立场观点方法去研究和处理问题的修养,那么拥有这种修养才能体现出所秉持的思想立场。"功崇唯志,业广为勤",广大党员通过从党性教育、理想信念、自身修养、遵循价值标准入手,准确掌握马克思主义理论和科学体系,做到真学、真信、真用,以坚定的思想立场来巩固马克思主义学风建设。

一、注重党性锤炼

党性,是指一个政党固有的本质特性,是一个政党的生命所系、力量所在。中国共产党的党性是工人阶级先锋队,是我国各族人民利益的忠实代表,是我国社会主义事业的领导核心。毛泽东同志早就指出:"学风问题关系到党性问题"。党性教育伴随着政党的发展,具有时代性特征,需要继承与发展。当今的党性教育仍然需要围绕指导思想展开,始终坚持指导思想一元化,需要具有科学的强大的思想武器去优化党性教育,需要通过理论发展与创新来使之与时俱进。

(一) 坚持指导思想一元化与提倡理论创新有机结合

马克思主义是在世界历史发展进程中不断被证明了的科学真理。自中国共产党成立后,始终坚持以马克思列宁主义为指导思想,坚持不懈地将马克思列宁主义同中国革命、建设和改革的具体实际相结合,实现了马克思主义中国化。它是我们立党立国的根本指导思想,是活的行动指南,是中国共产党认识世界、改造世界科学且强大的思想利器。马克思主义、毛泽东思想、邓小平理论、"三个代表"重要思想和科学发展观是中国共产党政党文化的核心,也是政党意识的集中反映。它规定了党员必须深入掌握

---

① 邓小平文选(第3卷)[M].北京:人民出版社,1993:190.

马克思主义这一指导思想，并将中国特色社会主义理论体系作为个人的行为取向。同时，党的情况不断发生变化，为了满足无产阶级实践的新要求，要大力培育理论创新意识。理论创新是马克思主义科学性与先进性的重要体现，每一位马克思主义者都是马克思主义理论创新的主体，应具备理论创新的责任意识与自觉意识。责任意识具有理性与感性的综合特点，它既源于对马克思主义的科学认同，也来自对马克思主义发展的关心。中国共产党党员作为马克思主义者要在当前意识形态的复杂斗争中，保持清醒的头脑，摆脱现实困境，努力推动马克思主义理论向前发展。自觉意识是作为党员应结合实际的客观历史条件与实践经验，主动地分析和总结马克思主义未来可能的发展方向，积极地把握马克思主义理论的创新机遇。

（二）保有批评和自我批评的纠错武器

批评与自我批评，是为了防止思想僵化和作风腐化的锐利武器，这是共产党人的特有风格，是党的三大优良作风之一。孔子在《论语·里仁》里有言，"见贤思齐焉，见不贤而自内自省也"，意思是说见到有贤之人应该向他学习，见到缺少才德的人应该对照反省自己。这种传统美德在我党的革命和改革的历史进程中得到了很好的继承与运用，我党始终依靠批评与自我批评不断更新党建理论，不断改进党的作风。2013年党的群众路线教育实践活动中，重点开展批评与自我批评的整风活动，这项活动包括对党员思想作风上的自我剖析，能够有效地净化学风。只有通过开展批评和自我批评，我们的党员干部才能自觉地克服缺点、纠正错误，进行全面的思想改造，进而使党的学风建设不断升级。

目前的批评与自我批评活动，随着群众路线实践活动的全面展开而备受重视，但是存在内容上空洞或琐碎，方法上简单失当等问题。要从以下几方面进行改进，首先应该参照党章党纪规定展开，党章中规定批评与自我批评彰显了政治勇气和实事求是的风格，参照党章党纪，就能避免不敢揭露问题、抓不住重点、教条式地批评他人等情况。其次应该采用民主生活会、座谈会、基层调查等方法进行，注意及时性与适用性。批评与自我批评是一种思想方法，进程中很容易带有主观色彩，做到及时性就能够抓住问题并解决问题，趁热打铁事半功倍。注重在合适的场合进行才能保证它的效果，使党员可以敞开心扉规避主观因素。此外，网络舆情也应适度成为批评与自我批评的平台。借助公开透明的网络媒介，收集民声民意、了解党员领导的问题回馈。网络提供的一些直接交流的载体，发挥了积极的政治参与功能，但是现在的网络环境和网络舆论存在一些问题，一定要正确进行引导，并采取法律监督的方法，使其发挥重要的作用。

二、巩固理想信念

理想信念坚定与正确与否，影响着党的事业成败。习近平在十八届中共中央政治局第一次集体学习时指出，"理想信念就是共产党人精神上的'钙'，没有理想信念，理想信念不坚定，精神上就会'缺钙'，就会得'软骨病'"，直接揭示了理想信念不坚定的后果，指出了理想信念是党员精神世界中的重要营养成分。理想信念决定着党的灵魂和阶级立场，是党员自觉行动的激励力量，主宰着党员的思想方向。党员的思想态度和思想方法都是基于正确的理想信念之上的，进行正确价值观的学习教育和不良思想的有效遏制，是基本的方法和途径。

首先，全面开展核心价值观和思想道德教育。从社会主义荣辱观的提出，到十六届六中全会第一次明确提出社会主义核心价值体系的内容，至党的十八大提出24字社会主义核心价值观的基本内容，形成了一个统一的有机整体，为党员的道德信仰指明了方向，为进一步打牢全党的思想道德基础、坚定党员的思想立场提供了重要的保证。教育是最直接和根本地将观念转化为内在思想的途径，通过自我学习、传统文化教育、道德教育等方式，针对核心价值观进行全方位的多角度的深层次教育，促使党员形成思想共识，整合多样的价值取向，为全党形成统一的理想信念提供保证。

其次，高度警惕各种不良思潮对理想信念的冲击。苏联解体以后，世界社会主义运动出现严重曲折，西方资本主义国家发展势头强劲，一些共产党员对马克思主义理论产生了怀疑，加之市场经济快速发展带来了一些负面问题，使党员价值观念发生变化，特别是当前思想文化多元化已经成为一种不可逆转的趋势，各种思想文化相互碰撞、交流、交锋、交融，一些不良思潮甚至是腐朽堕落、封建迷信思潮四处泛滥，已经污染了我们很多党员的思想，共产党员的理想信念受到冲击。党关于"中国梦"的重要论述，是对中国特色社会主义的共同理想进行的具体表述，为当前共产党人的理想追求，提出了具有时代高度的现实目标。共产党人可以通过提倡党内民主和注重理想信念教育发展规律，来巩固理想信念。党内民主，使党员的责任感和使命感不断增强，使党内成员之间没有阶级感、冷漠心，将党员自身作为党的事业发展的主角，将党的奋斗目标作为个人的理想；理想信念教育如果不能贴合党员自身的生活和工作，违背个人的基本诉求，或一味地只从党的理论高度简单进行马克思主义基本原理教育，不能够让党员看到这些理论如何帮助党员提高他们分析和解决问题的能力，那么就会挫伤党员学习的热情，影响学习的兴趣。因此理想信念教育需要尊重其发展规律，使它与具体问题、工作实践甚至是党员个人的成长与前途紧密相连。

三、提高自身修养

党员修养引领着全党进行理论学习和实践活动的价值取向，提高共产党员的修养是思想建设中一项永久性任务，是新时期巩固党执政地位的需要，是党防腐防变的关键性举措。早在1939年，刘少奇在《论共产党员的修养》指出，共产党员应该在改造世界的同时改造自己，"如果不加强思想修养，我们就不能进步，就不能完成改造社会的任务"[1]，强调了党性修养的重要性，创造性地建立了党性修养的系统理论。书中阐述了共产党员修养的基本内容，即用马克思主义理论处理具体问题的修养、要有无产阶级思想意识和道德品质的修养、艰苦奋斗的工作作风修养、遵守党的纪律的修养，掌握各种知识的修养等。事物的发展是内外因共同作用的结果，对于党员修养的提升亦是这样。因此，除了上文中论述的注重增强党性教育、

---

[1] 刘少奇选集（上卷）[M]. 北京：人民出版社，1981：252.

坚定党员理想信念外，需要通过自身学习与被教育相结合、自我监督和外部监督相结合的方法使党员修养得以完善。

（一）自学与教育并重

近年来，党员思想上出现的问题集中爆发，导致许多党员在认识问题和处理问题的时候犯了错误。党员的自我学习、自我教育作用不可忽视。儒家思想中，对人的自我教育能力做了充分的肯定，孟子的"人人皆可以为尧舜"的观点，就是提倡人们主动去改造自己，去激发自身的善性。马克思曾指出，"有一种唯物主义学说认为人是环境和教育的产物……这种学说忘记了，环境正是由人来改变的，而教育者本人一定是受教育的"①。这是在强调人的主观能动性的同时，为党的自我教育理念奠定了思想基础。列宁在总结俄国革命经验时也指出："先锋队要不怕进行自我教育，自我改造，要公开承认自己的修养不够，本领不大。"② 他们都在告诉我们，要促进党员发挥主观能动性的展开学习活动，引导党员自查差距、认清形势、热爱学习。

我们也不可小觑被教育的作用。我国无产阶级革命的领袖就非常注重通过加强教育增强党员修养。1939年毛泽东在延安在职干部教育动员大会上提出，要"把全党变成一个大学校"要求党员继续全面展开学习与教育。刘少奇把加强理论学习作为共产党员标准的八项条件之一。加强党员修养就必须通过学习与教育，通过学习马列主义、毛泽东思想、邓小平理论和"三个代表"重要思想、科学发展观内容，排除思想上的困惑与迷茫。《荀子·性恶》中有言"今人之性恶，必将师法然后正，得礼义然后治。"道出了人只有通过教育，才能趋于完善。对于党员来说，只有加强教育，才能自觉地以党和人民的利益为重，心甘情愿地全心全意为人民服务。依靠丰富的教育内容，加强教育的科学性，全面地丰富党员必备知识与所需知识，来提高党员运用理论解决问题的能力。

---

① 马克思恩格斯全集（第三卷）[M]．北京：人民出版社，2002：4．
② 马克思恩格斯全集（第三卷）[M]．北京：人民出版社，2002：234．

(二) 自我监督与外部监督相结合

首先，道德修养的提高必须依靠内力，内因是事物变化的依据，强化党员自我修养务必在自我监督上见成效。西汉戴圣的《礼记·乐记》里有言："好恶无节于内，知诱于外，不能反躬，天理灭矣。"这是反躬自省的出处，也是古人为我们进行自我监督提供的有效方法，通过自我反省随时随地的发现自己，认识自己的思想与态度，纠正过失，促进自我的完善。孔子也非常重视自省的学习方式，"君子求诸己，小人求诸人"，道出了有识之士严格要求自己，而小人喜欢严格要求别人。党员应把党的英雄人物、勇于献身党的事业的楷模、身边学习中工作中的前辈与榜样当作标准，对照自己的行为监督自己，反省自己。

同时也要建立外部监督机制，尤其是针对部分思想意识落后的党员，或者党员的立场已经出现背离的党员，需要通过外部监督的手段来提升自我。这也是党的制度建设和反腐倡廉建设的重要构成部分。组织社会学中指出"组织的特性包括其控制行为"[①]，每个组织都有其法制性、约束性、权威性和社会性。因此党内的组织生活需要规范化、制度化，通过制度和规范来纠正党员的思想，约束党员的行为。约束党员行为最基本的是党章、党的纪律，除此之外，还应依靠一些制度和规定。2006年胡锦涛提出的社会荣辱观是一种是非标准，是新的历史时期突出党员修养的重要教材。2012年中央政治局审议通过的"八项规定"作为党员修养的衡量标准，时刻提醒党员遵守党的要求听从党的安排，认真勤奋的完成党交给的任务，提升自身的基本素养。

四、遵循价值标准

古人曾对执政者要有为人民服务的价值观念有所论述。荀子有言："天之立君，以为民也"，意思是上天设立君王，是为了人民。全心全意为人民

[①] 周雪光.组织社会学十讲[M].北京：社会科学文献出版社，2003：27.

服务是党的根本宗旨，也是共产党员标准的价值观念，群众观点也是马克思主义政党的根本观点和根本立场。马克思恩格斯在《共产党宣言》里阐述了共产党员的利益观和思想立场。即"无产阶级的运动是绝大多数人的、为绝大多数人谋利益的运动"①。在土地革命时期，我党就强调要将土地分配给农民，中国共产党为人民服务的价值观初露端倪。1944年毛泽东在追悼张思德的大会上发表了《为人民服务》的演讲，更加深入地阐述了为人民服务是党员的政治素养，为人民服务的价值观进一步完善。随后毛泽东的《论联合政府》的报告中提出："共产党人的一切言论行动，必须以合乎最广大人民群众的最大利益，为最广大人民群众所拥护为最高标准。"② 人民群众是价值创造的主体，为人民群众奉献的多少是衡量党员价值观的评价标准。党章中将全心全意为人民服务定为党的宗旨，这是一种政治要求和立场宣誓。党的学风是马克思主义学风，是反映马克思主义思想立场的学风，必然要求通过强化为民服务的根本立场来优化学风。"各级领导干部要切实转变工作作风，向群众学习，向群众问计，全面了解基础群众的愿望和要求，掌握第一手材料，作出正确的决策，认认真真解决实际问题。"③ 只有去深入地了解群众，知道群众所想、所难，才能找准问题，照照镜子、洗洗澡、治治病，找到那些人民群众所排斥的、既不能满足人民的需求也不能为人民服务的问题，并找到方法解决它们。

（一）学习活动的内容为人民所需

江泽民在论"三个代表"重要思想时强调："不断发展先进生产力和先进文化，归根到底都是为了满足人民群众日益增长的物质文化生活需要，不断实现最广大人民的根本利益"④。学风建设是发展党的先进文化的重要途径，归根到底是为了满足人民的需要。我们的党员干部在学习与实践的过程中，对人民群众的问题找得准不准，决定了学习的方向对不对，整改

---

① 马克思恩格斯选集（第4卷）[M]. 北京：人民出版社，1995：583.
② 毛泽东选集（第3卷）[M]. 北京：人民出版社，1991：1096.
③ 全国党的建设研究会编. 马克思主义学习型政党建设研究[M]. 北京：党建读物出版社，2011：51.
④ 江泽民. 论"三个代表"[M]. 北京：中央文献出版社，2001：163.

的效果好不好，整风的成效显不显著，也决定了群众路线走得彻底不彻底。这就要求我们党员干部在学习理论知识的同时，通过深入群众，找准问题，勇于正视和深刻剖析存在的问题，实事求是地认识自己、评价自己，做到解剖自己不怕严，亮出问题不怕丑。这也是我们进行新时期党风建设的当务之急，而学风建设正是解决党员干部作风问题的首项工作。能否真正做到体恤民情顺从民意，并从为人民服务的过程中汲取营养，是党员能否"学好"的关键所在。

（二）学习活动的成果被人民所用

理论来源于实践，党的学习实践活动的成果是马克思主义理论体系的重要组成部分，因此这一成果与人民分享，为人民所用，主要体现在将马克思主义的基本原理、基本观点通俗化、生活化，使之更好地被人民所接受所运用，即马克思主义大众化。党的理论必须能被人民所使用，把它们应用到人民实际生活中，指导人们工作与实践活动，这也是党的学习活动和学风建设的重要目的。回顾党的每一次学习活动，都是党内一次深刻的马克思主义思想教育活动，为马克思主义大众化奠定基础。毛泽东强调，"代表先进阶级的正确思想，一旦被群众掌握，就会变成改造社会、改造世界的物质力量"[①]。于是，马克思主义大众化是党在学习活动中的重要议题，是党的学习活动的基本诉求。马克思主义大众化一定要牢牢把握住大众这个方向，把符合人民群众真实利益和真实可用的内容作为价值标准。近年来中宣部出版的书籍《理论热点面对面》，很好回答了党的理论方针是要被人民所用的，并且是可以帮助人民的。马克思主义理论的实践能够符合群众的利益，大众学习理论就会出现主动和自愿的局面，人民群众就会积极拥护党的学风建设。

---

① 中共中央文献编辑委员会编. 毛泽东著作选读（下册）［M］. 北京：人民出版社，1986：839.

第二节 增强先进意识，持有展现学习型政党特征的思想态度

社会心理学家认为，"态度是个体对某一特定事物、观念，由内在感受、情感和意向三个成分组成的心理倾向"①。决定态度的因素属于主观意识的范畴。要想改善学风，端正党员的思想态度，要从党员的意识出发，倡导党员借鉴学习型组织理论，具备学习型政党精神的思想态度。系统思考、终身学习、自我超越、全面学习是学习型组织的关键性要素，也是马克思主义学习型政党的重要精神，当前党员的思想态度的建立可以从这几方面展开。

一、提升以身作则的政治觉悟

台湾学者韦政通在《伦理理想的突破》一书中讲到，如果说的与做的不一致，就会发生道德危机，人们就开始逐渐对你失去信心，就不会接受所说的。对于党员干部而言，说得再好不如做得好，示范作用具有强大的影响力。党员干部是否具有学习意识，是否认同自己在人民群众学习方面的表率作用，直接关系到马克思主义的发展，关系到党的学风建设。党员干部要在政治理论学习、理论联系实际的能力、勤于善于学习等多个方面做学习的表率。

（一）做政治理论学习的表率

政治理论学习是党员领导干部不断提高领导水平、强化执政能力、推进事业发展的战略要求，是一项基础性、战略性的工作，是我们党的事业不断取得成功的一条宝贵历史经验。党员把政治理论知识当作一种思想上

---

① ［美］戴维·迈尔斯. 社会心理学［M］. 北京：人民邮电出版社，2006：86.

的"摆设"还是真正"管用"的东西，是摆在党员思想态度上的不容含糊的问题。各级党员领导干部要采用"回头看"的方法，不断重温马克思主义经典读物，加深对政治理论学习的重要性、必要性、紧迫性的认识，增强理论学习的自觉性。党员通过中心组学习、民主生活会等方式进行多次教育，把理论学习看成一种觉悟和修养，扭转被动学习的局面；同时要筛选理论学习的内容，从"必要"和"管用"入手，既要掌握党员必备的基本政治理论知识，也要从工作对理论需要的实际出发，组织研究和学习适用于不同行业不同层次的理论知识，这样可以将学习的理论知识编写成深度不一、重点不同的读物，更有利于党员愿意学、有效学。近年来，习近平对党的文风提出要"短、实、新"的要求，这是对党员学习高效化和科学化发出的信号。对于大部分的普通党员来说，对某些晦涩的理论知识和政治信息把握起来有一定的难度，因此对其中有深刻性和丰富性的内容，要以通俗易懂的语言传播，并科学合理地坚持下去。

（二）做理论联系实际的表率

能否以实际问题为导向，应用理论找到合适的解决办法，是领导干部能力的考验，也是政党成熟与否的重要标志。理论联系实际，学用结合，是我党遵循的思想态度。党员干部率先探索重大的理论与实践问题，学习紧密结合与群众现实利益相关的、与本地区本部门发展相关的、与党建突出问题相关的理论知识，把学习的成果转化为内在的能力与工作的思维、自身的本领。这是对马克思主义真学真信真用的学习态度的彰显，是党员具有问题意识的外在表现，在困难中问题中学习才能进行深入的思考，将科学的理论转变成思维方式形成科学的思想方法。联系实际的学习，首先要联系思想上的实际。学习不能好高骛远，不能为了做表率而什么知识冷门就学什么，这样就违背了马克思主义学风的要义。要知道自己缺什么，敢于改造自己的知识结构，真正用知识武装自己。思想实际体现在不光学习理论知识，还要抓住党员特性。十七大提出的"讲党性、重品行、做表率"，就是强调学习具有针对性，要先进行德育，在拥有正确价值观的前提下，进行全面的文化知识的学习；其次是要注意总结经验。党员干部是在学习中、工作上的带头人，具有一定的经验和成绩，因此在不断的学习工作中总结经验，养成良好的思想习惯，将成功的和失败的经验和教训形成规律性认识，再运用到实际的学习与工作中，建立起良性循环的思维模式。

（三）做勤于并善于学习的表率

"业精于勤而荒于嬉，行成于思而毁于随"。党员干部要将学习当成生活的一种常态，成为群众学习的楷模。党的十八大以来，充分体现了以习近平为党中央的领导集体对于学习的态度，从2012年11月进行第一次集体学习开始，仅1年的时间，中央政治局已先后开展十余次集体学习，为全党树立了学习的榜样，对建设学习型政党和学习型社会发挥了重要的推动和示范作用。"学者贵好学，尤贵知学"，党员领导干部要做善于学习的先锋。具体体现在，善于向书本学习，学习马克思主义经典著作、中国特色社会主义理论、提高自身素养的文化知识、适用于实际工作的专业知识等等；善于向实践学习，实践是检验学习成效的唯一标准，各级领导干部要利用好社会主义建设实践的宝贵经验财富；善于向人民群众学习，人民群众是历史的创造者，是我们党理论创新、制度创新、政策创新的良师益友；善于向他人或自己的经验教训学习，在总结成功经验和吸取失败教训的过程中获得进步和提高。

全方位做学习的表率，是党员的职责所在，它需要通过党员将终身学习的过程得以实现。因此，当前的学风建设要实现树立党员终身学习的思想意识。

二、培养终身学习的思想态度

"学者日益"是老子对学习的持续性提出的要求，庄子说"吾生有涯，而学无涯"，可见古人对终身学习的思想早有论述。终身学习理念是20世纪中后叶的世界性思潮。1972年，联合国教科文组织国际教育发展委员会发布了《学会生存》的报告，报告指出唯有全面的终身教育才能够培养完善的人，我们需要终身学习如何去建立一个不断演进的知识体系……学会生存。之后，美国通过了终身学习法，日本成立了生涯学习局，欧盟设立了学习年，我国也提出构建终身教育体系。中国教育发展战略学会会长郝克明将终身教育形容为"革命性的转变""人类教育的第三次飞跃""最伟大的创举"①，以示这一思想的必要性。党要葆有持久的生命力，能成为人民大众学习的榜样，就必须具有终身学习的态度。2013年习近平在中央党校讲话时将"继承发扬老一辈终身学习的良好风尚"作为"适应世情、国情、党情变化""带领国人共同实现美丽中国梦"的重要途径。终身学习也是当前学习型政党重要特征之一，党员思想观念的改变，思想方式的转变，都要依靠不断的学习，培育终身学习的思想意识已是当务之急。

（一）规避惰性习惯，将下意识学习成为习惯性学习

惰性是党员思想进步的敌对者，是学风建设需要主要防范的心理要素。心理学上有观点认为，惰性是种潜意识，当党员工作舒适、压力较小等相对稳定的环境出现时，常常会陷入一种潜意识中，出现惰性习惯。国外有调查显示，约50%学生认为惰性已成为他们的问题行为，15%的社会人认为学习惰性以慢性病的形式影响成年人。习近平在庆祝建党90周年大会讲话时提出，精神倦怠的危险尖锐地摆在全党面前。为了规避当前党员的思想惰性，在学风建设过程中要让党员树立起竞争意识，在党员队伍中建立优胜劣汰机制。党章规定除了主动退党或者是违反党纪之外，党员是终身制的。但是这并不应该成为党员思想惰性产生的原因，党内的学习组织应该给党员创造竞争的环境，对学习榜样进行表彰，对厌倦学习的党员进行再教育。此外，习惯性学习可以有效地规避学习惰性，使党员心理上把学习当作生活的一部分。著名美国心理学家加涅指出"学习是人们心里倾向和能力的变化，这种变化能够持续一段时间"，学习不是一劳永逸的事情，经常性的学习活动才会将这种变化变得持久，从而形成习惯。因此党内组织学习活动要有持续性，不可以三天打鱼两天晒网，帮助党员建立起学习习惯。

---

① 郝克明. 跨进学习型社会——建设终身学习体系和学习型社会的研究 [M]. 北京：高等教育出版社，2008：108.

（二）培养学习兴趣，将需要学习变为主动学习

宋代欧阳修倡导用好"三上"时间，"马上、枕上、厕上"的点滴时间来思考。本研究中调查问卷显示许多党员以工作太忙为由，逃避学习或者忽略学习，认为没有时间学习，实则把闲余时间用在其他地方。根本原因是没有学习兴趣和动力，激发不了学习热情。哲学家尼采将被动学习比喻成沙漠里的骆驼，心理状态是"你应该"，而主动学习是草原上的狮子，心理状态是"我能够"。党员学习兴趣，是由文化自觉、文化自信产生的。文化自觉、文化自信到文化强国，是我党文化建设的发展历程，也是我党自觉把握文化建设发展规律的重大成果。文化自觉是对文化价值的觉悟觉醒，实现它必须通过对文化的认同。人类一直都对文化如图腾、神话等有着向往和追求，共产党人对党的文化价值观念认同，自然就会向往，会引发自觉学习。文化自信是指对文化生命力有信念和信心，对多种文化进行包容与借鉴。文化自信首先是能够认真学习与理解自己的优秀文化，并以此为荣。其次是对其他文化的包容与借鉴也反映出对本土文化的自信。有了这种文化自觉和文化自信，就可以激发党员的学习兴趣，使终身学习成为可能。同时，文化自信促使党员学习具有全面性，这就要求党员通过更新学习内容来体现。

三、树立自我超越的问题意识

自我超越是"突破极限的自我实现，或技巧的精熟"[1]，是人们不断挑战自我发展极限，扩展自身的创造过程。自我超越直接影响党员学风，当党员真正认识自我之后，就会对自己提出新的要求，就是如何实现自我；当在意识到人的不断进步，是人生存价值的重要体现时，就会使顽固于人们心中的学习惰性逐渐消解，潜藏在人的内心深处的原始的学习冲动就会被无限激发。然而自我超越的实现源于社会发展的矛盾性与曲折性。社会

---

[1] 彼得·圣吉. 第五项修炼心灵篇［M］. 北京：中信出版社，2010：14.

发展的过程总是充满了矛盾，这是人的主观性所主宰不了的社会发展规律。"顺势者昌，逆势者亡"，为了避免人的思想被淘汰，人们就必须寻找办法去面对矛盾，试图去解决问题和困难，这一过程就形成了自我超越。自我超越的实现是基于社会实践中矛盾和问题的出现，因此必须通过树立问题意识来做到自我实现，从而促成良好的学风。

2014年5月刘云山对问题意识做了全方位的阐述，不仅揭示了树立问题意识在深化改革、开创事业发展新局面的当下具有重要意义，还对当前的"问题"进行了分析。问题意识与学风之间息息相关，不围绕问题的学习就无从谈实事求是的学风。30多年来，党在改革过程中一直秉承着将问题作为进步的机会，将问题作为努力的方向、改进的动力。十八届三中全会习近平讲话中谈到"改革是问题倒逼出来的"，如今面临深化改革的任务，新矛盾新问题不断出现，党员要勇于发现问题、直面问题和解决问题，做到自我超越。矛盾是一直存在的，找问题要抓住主要矛盾，如果为了找到问题而找问题，就不是运用科学的学习方法，要找到关键的、隐性的问题；运用唯物主义和辩证法来分析问题，找到问题的症结；面对问题要有紧迫感，不怕困苦地将理论联系实际，找到科学的方法解决问题，这是当前党员应有的思想认识。

同时，要将问题意识上升到预防阶段。要"先天下之忧而忧"，不能只出现什么解决什么，事先没有预防机制，没有知识储备，没有能力准备。这种问题的预防机制，归根到底是一种忧患意识。《周易·系辞传》中的"危者，安其位者也；亡者，保其存者也；乱者，有其治者也。是故君子安而不忘危，存而不忘亡，治而不忘乱。是以身安而国家可保也。"执政者要培养忧患意识是要使党员熟知和牢记中华民族的那段屈辱史、创业的艰难史、改革的光荣史，密切关注身处的严峻形势、面临的巨大考验、当今的艰巨任务。问题意识和忧患意识本质上都是促进党员自我超越、思想进步、思想革新的重要思想态度，都是当前学风建设关于思想态度内容的关键点。

四、倡导全面学习的科学理念

学习理念，"是关于学习的理想认识，是人们对学习所持有的理想态度和执着信念"①。联合国教科文组织总干事费德里·科马约尔曾指出我们需要一个学习的世界来与社会相匹配。社会在多极化发展，文化呈多元化态势，党员干部必须具备系统的知识体系与之相适应，丰富学习内容，保证自身的知识结构、能力结构日趋合理。习近平指出"我们正在从事的中国特色社会主义事业是伟大而波澜壮阔的，是前人没有做过的"②。这阐释了更新思想理念的必要性，也对我们的学习提出了更高的要求。因此，我们的学习应该是全面的、系统的。所谓全面学习，主要是指学习内容的全面性，使党员具有知识上的深度和广度，能够得到全面的发展，还包括学习基础知识与技能以及通过学习提升思想境界改变思想观念的部分。它是党员认识世界的通道，是改造世界的前提，是思想方法形成的基础。它是新时期学风建设的基本要求，是建设学习型政党的题中应有之义。学习内容的全面性是树立全面学习理念的扎实基础和切实步骤。

（一）学习党员必备的基本理论知识

不断优化知识结构、拓展能力范围，是提高党的执政能力、保持党的先进性的现实需要。"工欲善其事，必先利其器"，2014年习近平指出在干部教育培训中，理论教育是根本。党员干部要带领人民开创事业发展新局面，就应具有掌握全面知识的思想态度，其中学习建设我们的国家所需的基本理论知识是党员职责也是最低要求。

1. 马克思主义理论是做好一切工作的看家本领

马克思主义为人类社会提供了最科学、最完整、最严谨的世界观和方法论，始终坚持为最广大人民的根本利益而努力奋斗，是我们党必须始终坚持的指导思想和工作方法，广大党员干部必须牢牢掌握马克思主义的立场、观点和方法。习近平同志指出，"要把马克思主义理论作为我们必须普遍掌握的工作制胜的看家本领"③。马克思主义是在批判吸收人类先进文明成果的基础上产生的，是关于自然、社会发展规律的科学，是关于工人阶

---

① 刘守尧. 树立新的学习理念迎接知识经济的挑战 [J]. 改革与开放，1997 (7).
②③ 习近平. 在全党大兴学习之风依靠学习和实践走向未来 [N]. 人民日报，2013 - 3 - 2 (01).

级和人民大众解放与发展的科学,也是关乎社会主义运动和共产主义运动的科学。学习马克思主义,促使历史唯物主义和辩证唯物主义成为党员的世界观和方法论。学习马克思主义,应该尊重原著,不走样地掌握其中的原理、观点,掌握社会发展规律。

2. 党的路线方针政策和国家法律法规是基本准备和政治素养

这是习近平同志于2013年针对党员的学习提出的重要指示。党的路线方针政策和国家法律法规,是党员干部开展工作的根本依据,党员干部只能也必须按照国家法律法规和党的路线方针政策行使权利、履职尽责。

首先是要树立法律信仰,做依法治国的践行者。十八届四中全会对全面推进依法治国进行了战略部署,指出依法治国是治理能力现代化的必然要求。习近平对此指出党员干部要做遵法学法守法用法的模范。提高国家的治理能力是学风建设的目标之一,因此将树立法律信仰作为学风建设的一项举措。法律信仰并不是指对国家的法律法规极度的敬崇,而是指对社会秩序、正义事业的追求,在遵守现行法律法规的前提下对其进行研究甚至怀疑,使之完善。党员对法律的态度,会影响党依法治国的效果。党员对于法律的态度,首先从了解和熟知法律开始,当前很多针对党员的培训是基于党的理论方针政策层面的,对法律法规的宣传与教育有所忽略,党员在入党前的党校学习中这部分内容就有所缺失。只有熟知法律知识才能培养起守法意识与法律信仰。孟德斯鸠说过,一切有权力的人都容易滥用权力。国家的权力集中在党员干部手中,法律是约束人谋取私立的根本手段。不仅如此,党员具有法律信仰,对人民群众有示范效应。

其次是要将法律与党的方针路线作为准绳,成为决策与工作的基本依据。党员干部代表党和国家来执掌权力公器,维护社会公平正义是各级领导干部的神圣职责和不可推卸的责任义务。公平正义是社会的"首要德性"①,是中国特色社会主义的内在要求。各级领导干部只有严格按照国家法律法规和党的路线方针政策行使权力,社会才有公平正义。当前不少地方,政府公信力下降,官民关系紧张,党员领导干部不被民众信任,究其

---

① [美]约翰·罗尔斯. 正义论[M]. 北京:中国社会科学出版社,2009:3.

原因就在于我们的一些领导干部不注重学习国家法律法规和党的路线方针政策，法制观念淡薄，党性原则不强，常以个人主观判断、意志喜好代替国家法律和党的制度原则，以言代法、以权压法，损害社会公平正义。党的十八大报告指出，包括党在内的任何组织或者个人都不得有超越宪法和法律的特权，绝不允许以言代法、以权压法、徇私枉法。

新修改的党章也明确规定贯彻执行党的基本路线和各项方针、政策是每名党员的基本义务，党的领导干部必须坚决执行党的基本路线和各项方针、政策。现在有的领导干部，不注重学习党的路线方针政策和国家的法律法规，主观主义、官僚主义作风严重，贯彻落实中央指示不坚决，大搞上有政策、下有对策。这样的干部无论其职务有多高、权力有多大，都必然会被时代所淘汰，被人民所唾弃，也必然会受到党纪国法的严惩。

（二）学习本职工作所需的专业知识

马克思将人的存在分为两个内容：一部分为生产；另一部分为精神财富方面的享受。影射到全面学习的内容上来，则包括"实用型"知识和"装饰型"①的知识。"实用型"知识用于解决现实生活和工作中的问题，即包括本职工作所需的专业知识。社会的系统性越强，联系越紧密，社会就越复杂，对人的知识和技能要求就越高。要想在当今时代顺利开展工作，成为一名称职的领导干部，就必须加强学习，掌握工作需要的各种专业知识和技能，努力使自己成为相关领域的行家里手。因此习近平指出："要有针对性地学习掌握做好领导工作、履行岗位职责所必备的各种知识，努力使自己真正成为行家里手、内行领导。"② 现代社会科技越来越发达，社会分工越来越精细，专业性越来越强，隔行如隔山，不同的行业、不同的岗位需要不同的专业知识，领导工作的专业性也越来越强。一名优秀的领导干部，必须努力学习工作岗位中所需要的各种专业知识。另一方面，现代社会的联系又越来越紧密，领导工作的综合性、系统性不断增强，这要求

---

① ［英］罗素. 教育论［M］. 北京：东方出版社，1990：20.
② 习近平. 在全党大兴学习之风依靠学习和实践走向未来［N］. 人民日报，2013-3-2（01）.

领导干部必须同时学习掌握多方面知识和技能。不论是客观的社会发展需要，还是主观上党员自身对知识的渴望，党员通过对专业知识的学习来提高工作能力是我党建设精神家园的不变法宝。

（三）学习提升人格力量的文化知识

上面提到的"装饰型"知识就是指不会显现在解决具体问题，而是有助于自身完善的精神财富。这些知识能够引导党员进行对自我精神世界的重新认识，去为自身积累无限的精神财富，拥有全面的知识成为全面发展的人。人格力量对当今领导干部至关重要。人格力量的核心要素是文化素养和精神气质，人格力量形成的一个重要途径就是通过学习优秀传统文化和政党文化精神，从中吸取精神营养，努力身体力行，不断改造自己的主观世界，形成一种崇高的思想品德、高尚的道德情操和特有的人格魅力。

1. 掌握传统文化、历史知识等"修身"利器

在漫长的历史发展进程中，中华民族饱经沧桑、历经磨难而日益强大，内在原因就在于产生和形成了整个民族共同认可、普遍接受而富有强大生命力的优良传统文化。一个具有先进文化素养的执政党必然能够领导国家实现文化强国的宏伟蓝图。中国共产党自创建之时就是中华优秀传统文化的承接者和弘扬者，更是社会主义先进文化的缔造者和发展者。历史是党的建设和发展最好的教科书。治国理政理论指导很重要，但是前人的经验教训更重要。学习历史，借鉴和运用历史经验，是我们党一贯重视和倡导的重要的思想和工作方法。毛泽东在青年求学时期就酷爱读史，一生重视学习和借鉴历史。在1938年党的六届六中全会上，他就曾明确指出："学习我们的历史遗产，用马克思主义的方法给以批判的总结，是我们学习的另一任务。"[①] 邓小平把了解和懂得历史看作是中国发展的一个精神动力，反复强调要用历史教育青年、教育人民，明确指出总结历史是为了开辟未来。习近平同志反复强调领导干部要了解和学习历史，曾在中央党校专门作了《领导干部要读点历史》的重要讲话。他指出，"历史承载着治理国家

---

① 毛泽东选集（第2卷）[M]. 北京：人民出版社，1991：533-534.

和社会的思想与智慧，记述了他们经历的成功和失败的经验与教训，我们应吸取应用，或者作为借鉴，或者引为警戒，这对于提高我们的思想政治水平、改进我们的工作，是大有助益的"①。领导干部学习和了解历史，不仅要注重吸收前人在修身处世、治理国政等方面的经验智慧，还要从中汲取滋养灵魂的营养，培养自身的浩然正气，提升自己的精神境界。领导干部学习历史，关键是要坚持马克思主义的历史观和方法论，客观公正地分析历史，自觉做到取其精华、去其糟粕。领导干部学习历史，需要探讨历史人物在历史事件中的是非对错，从中吸取经验教训，更要着重环境分析，研究历史事件的具体进程及其社会根源、历史根源和思想根源，从中找出一般性的历史规律和社会规律，务求达到以史为鉴、古为今用的效果。

2. 促使党的精神财富历久弥新

井冈山精神、长征精神、延安精神、西柏坡精神是马克思主义的普遍原理与中国革命结合的优秀成品；雷锋精神、焦裕禄精神体现了中国共产党人的公仆情怀；红船精神、"两弹一星"精神是我党敢为人先、开天辟地精神的代表，这些都是中国共产党的宝贵的精神财富。在纪念建党90周年之际，《人民日报》推出"寻根——中国共产党的伟大精神"系列专版，对党的精神进行深入剖析和追溯渊源，同时对现今的影响进行了论述。对这些精神的再学习，将有助于党的伟大精神的弘扬，也对培育新时期优秀的政党精神提供推动力。将这些精神作为学习的对象与思想的标杆，是使党的精神财富不断扩充得到可能，不断注入新的时代内涵与时代风采。

弘扬党的精神是更好地坚持理论联系实际的学风的需要。革命时期，中国共产党人没有盲目地学习俄国的革命模式，而是在井冈山建立了第一个革命根据地，走上了农村包围城市、武装夺取政权的道路，这是将马列主义与中国革命实践结合的经典；长征的胜利，是中国共产党正确衡量自身利弊，为革命保存基本力量。这次将革命转危为安的盛举是对实事求是思想的完美贯彻；延安精神体现了我党将马克思主义与中国革命实践相结合的强大能力，延安时期确定了毛泽东思想的指导地位，这标志着实事求

---

① 习近平. 领导干部要读点历史［J］. 中国党史研究，2011（10）.

是的思想路线在全党的确立;党中央在西柏坡期间,成功地将工作重心由农村转到城市、革命转移到建设,为新民主主义向社会主义过渡开辟了道路,这又是党运用实事求是思想做出成功决策的经典案例……党的精神充分展示了中国共产党人理论联系实际的能力。

党的精神是全体党员思想动力的重要源泉。2013年习近平在第十二届全国人民代表大会上指出,"全国各族人民一定要弘扬伟大的民族精神和时代精神,不断增强团结一心的精神纽带、自强不息的精神动力,永远朝气蓬勃迈向未来"①。党的精神在促进党员思想进步、推进党的革命与改革中发挥了巨大的作用。党的革命道路、具有中国特色的社会主义改造实践、中国特色社会主义经济形式、无不体现了红船精神所具有的敢为人先、开天辟地的首创精神;党的核心价值观的正确树立、党带领人民进行经济建设,得到迅猛发展无不体现了党的艰苦奋斗精神、立党为公与一切为民的奉献精神;党的理论体系的形成,党的文化的繁荣发展无不体现了党的勇于创新、勇于探索的求实精神。党的精神作用于党员的思想对整个党的事业发展发挥效力,是推动党员坚持理论联系实际的思想方法的力量源泉。

具备正确的思想态度,使全体党员积极地全面地学习应具备的知识,是党的学风建设的当务之急。"授人以鱼"固然有益,但不如"授人以渔",如果党员的学习不能举一反三、学思并重、学以致用,学习的全面化终身化就只能成为空话。因此学风建设中对思想方法的探讨和钻研尤为重要。

第三节 运用主体思维,培育科学创新发展的思想方法

思想方法,是将客观实事、主体认识、思维过程联接的工具和手段,借助思维形式认识事物的途径和思路。陈云曾说过,学习理论,最要紧的,是把思想方法搞对头。中国共产党一直坚持使用科学的思想方法,主张辩证思维、历史思维,批评与自我批评法、调查研究法等。"思维"在哲学上

---

① 习近平在十二届全国人民代表大会第一次会议上的讲话[N]. 人民日报,2013-3-18(1).

是对于感性认识而言的理性认识,是人脑对客观事物间接的概括。列宁说"人的意识不仅反映客观世界还创造客观世界",这里就突出了人的创造性和主体性的关键性特点。因此思维能力的培育,关键在于党员主体性的发挥,形成与时俱进的创新思想方法。当前强调党员主体性与创新性,是激发党组织的创造力和战斗力,是把党员主体性与思维创新的作用结合起来,运用主体思维创新来凸显党员的主体性作用,形成更新的科学思想方法,提高学风建设效率,优化党的建设。

一、把握马克思主义方法论的特性

方法论,是人们按照世界观去看一些现象、处理问题,进而形成的研究和解决问题的基本原则。马克思主义哲学以唯物辩证法为最根本的方法论,是将唯物论与辩证法有机的结合,这种结合为无产阶级改造世界提供了科学的方法论。马克思主义方法论的特质促使中国共产党党员始终且必须在其范畴内讨论与发展党的思想方法。它使党员能把马克思主义方法论当作一把"手术刀"[①],帮助党员去剖析自己,找到思想上的问题和差距。

(一)科学性

哲学是关于思维及其规律的学说,即思维科学。马克思主义哲学这门思维科学,它具有变革的、否定的、批判的本质特征,不是一成不变能够一劳永逸的最终理论。马克思主义学说的本质要义在于通过确立科学的世界观,"为人们认识世界改造世界提供科学的方法论"[②]。马克思主义的方法论相对于其他一般的科学思维,具有更好的思想层次。"它不同于实证的经验科学思维,也不同于数学的形式科学思维"[③]。它是基于唯物辩证法思维上展开的,立足于研究自然、社会和思维运动发展中最普遍的规律,不断废除旧世界包括旧的思想、旧的制度和旧事物,以建设新世界为目的。坚

---

① 彭继红. 中国共产党意识形态工作研究[M]. 湖南: 湖南大学出版社, 2011: 88.
② 杨东明. 关于中国马克思主义方法论的思考[J]. 求实, 2004 (12).
③ 吴月堂. 论马克思主义哲学的方法论本性[J]. 湖南师范大学社会科学学报, 1995 (5).

持历史与发展的观点结合、两点论与重点论的统一、坚持批判的否定观等思想方法,它是个严谨的逻辑体系。

(二) 实践性

马克思在面临着如何确保唯物辩证法的科学性时,做出了详细的论述:"人的思维是否具有客观的真理性,这不是一个理论的问题,而是一个实践的问题。人应该在实践中证明自己思维的真理性"[①]。马克思主义的方法论,是以实践为立足点与着眼点,通过实践去探寻事物的发展规律及人类与客观世界关系的方法。马克思主义的方法论不是公式不能套用,它是通过具体实践得出的总结性办法。只有把它置身于各国的具体情况、具体环境中去,才能够发挥它的科学指导作用。毛泽东也对这个问题进行了论述,指出马克思主义叫我们看问题要从客观事实出发,体现了其实践性。中国的马克思主义者汲取了马克思主义方法论的精华,始终以实践为导向,坚持追求真理、坚持认识和改造世界时运用唯物辩证法思维、唯物史观思维,开创了"解放思想、实事求是、与时俱进"的思想方法。

(三) 开放性

马克思主义是真理,但不是不变的、封闭的真理,是不断把人类的思想认识与时代发展相作用相适应相统一的发展型科学,是一种指导性的方法论,是一门开放的科学。它为人类认识和发展真理开辟了正确的道路,提供了科学的方法,因此决定了马克思主义方法论的开放性。马克思主义的基本形态代表了马克思主义思维实质的理论形态,是继承和发展马克思主义最为可靠的理论基础。马克思主义的衍生形态是马克思主义者按照马克思主义基本原理通过实践得出的创新部分。苏联的衍生模式是斯大林为首建设社会主义的一套思想体系,有高度集权的政治管理方法特色。最初的中国化的思想方法参照了苏联模式,之后不断地进行调整与完善,形成了具有中国特色的科学的思想方法。南斯拉夫的社会主义思想体系也具有

---

① 马克思恩格斯选集(第1卷)[M]. 北京:人民出版社,1995:55.

马克思主义思想方法开放的特性，形成了社会主义自治制度思想体系。印度也形成了具有本国特色的发展化马克思主义思想方法论，虽然在理论上没有形成概述，但是在经济建设和政治措施中凸显出，它是强调自由自主和以民为重的思想方法。这些由于开放性发展了的马克思主义衍生方法论，有的具有科学性与实用性，有的违背了马克思主义方法论特质，比如新中国成立之初，我们尝试照搬了苏联模式，违背了实践性原则，在建设社会主义方面走了弯路；或有缺陷有待于改善的。因此这些创新用实践证明了一个不变的真理，把握马克思主义方法论特性，是思想方法发展与创新的出发点，是新的思想方法行之有效的根本保障。

二、坚守改进思想方法的基本原则

由于马克思主义方法论具有科学性、实践性与开放性，它有待于不断继承、丰富与充实。中国共产党建党以来始终坚信马克思主义辩证唯物主义，结合具体情况形成了独具中国特色的世界观与方法论。邓小平把辩证唯物主义的基本观点转化为思想方法，体现了马克思主义哲学的世界观与方法论的统一性。发展观、历史观、全面观、矛盾观、统一观，是党世界观的体现，构建这些观念的思维，就是党所持有的具体的马克思主义的思想方法。同时，"解放思想、实事求是"也是一种科学的思想方法，它集中地体现了中国化的马克思主义方法论。我党的思想方法的改进与创新都必须将它作为一个基点。

（一）解放思想，树立科学的思维方式

思想方法是思想上、认识上的一种变革，其变革的过程并不会一帆风顺，必然经历较为漫长的艰苦求索的过程。首先，思想方法会受到传统思想制约，人们的头脑中往往存在了太多的原有的条条框框以及常年积累下来的传统的制约，思想方法改革要突破习惯性思维和传统观念，必然会受到制约。其次，会受到政治的制约。思想方法改革可能会与现行的方法有相矛盾的地方，必然受到相关的制约。最后，新的思想方法在运用时会涉

及一些社会问题，触及一部分人的利益，可能就会受到利益相关者的质疑。因此我们必须坚持解放思想，消除顾虑，大胆探索，用科学观点来进行思想方法的革新。

（二）批判与创新结合地改进思想方法

一方面，思想方法的发展是在批判与集成中展开的。这个前提条件是扬弃，扬弃是一个既要克服又要保留，既肯定又否定的思维过程。对原本就不科学的错误的思想方法，或者随着时代的变迁，实践的发展，不符合现实要求的思想方法，需要质疑并改进。另一方面，思想方法发展是在创新中完成的。对思想方法进行检查与批判，这只是为摒弃不对的不适用的思想方法改革开辟道路，还没有完成创新过程。要完成这一过程，还必须在批判质疑之后，发挥创新的优良品格。不难发现，批判是思想方法改革的前提，创新是思想方法改革的关键所在。所以，要倡导革新思想方法，就要大力弘扬批判与创新结合的理论品格。

（三）坚持实践标准贯彻改革思想方法始终

毛泽东同志曾在《实践论》指出："通过实践而发现真理，又通过实践而证实和发展真理。"[①] 在实践基础上先形成新的感性认识，再从感性认识再上升到理性认识，这是一个过程。思想方法革新从来就不是一蹴而就的，而是一个繁杂的艰巨的任务。人的实践水平和能力会发生变化，不会停留在一个水平线上。因此，思想方法是否有效需要经得起实践标准的反复检验。

三、发挥主体在创新中的统领作用

党员的主体地位早在马克思、恩格斯建党学说的纲领性文件中有所体现。其中对关于党员义务和权利进行了阐述，党员是党的主体的价值理念

---

① 毛泽东选集（第1卷）[M]. 北京：人民出版社，1991：292.

得以确立。列宁在斗争实践中提出了"民主集中制"的原则,将党员主体性质的认识进行了深化,注重主体地位,发挥自主意识、自主能力的履行义务行使权力,才能促使党员主体作用的有效发挥。党员的主体作用在中国共产党建党90多年里的实践活动中处处得以发挥,决定了党的理论独创与党的实践机制。将党员主体性作为党的独特优势,在党的理论与实践创新上不断运用。中国共产党是具有群众广泛性的政党,是按照民主集中制原则由千千万万个先进分子构成的,他们作为党的主人,是党的工作、党的建设和事业的主体。在党的理论创新方面,党员主体性在毛泽东思想、邓小平理论、"三个代表"重要思想和科学发展观的形成中体现了自身的价值。在实践创新方面,党员的主体作用体现在实践活动中的主导性与决定性,全体党员通过不断主动摸索和总结,实现了从走苏俄社会主义之路到走中国特色社会主义道路的实践创新、实现了从传统计划经济体制到市场经济体制的体制创新等等。

在历次学风建设大潮中,在党的号召下全体党员自觉地参与进来,进行理论学习与思想改造,不断调整思维方式和思想方法,对党的理论创新与实践道路摸索起到了推动的作用。新时期面临新的情况,习近平在多次讲话中要求党员干部努力学习掌握科学的思想方法,来预防"新办法不会用,老办法不管用"。无论是继承党惯用的优良思想方法还是与时俱进的创新思维,都是主体性发挥作用的结果。因此,无论社会发展到什么程度,出于发挥主体性的理论与实践创新都会对全党的思想方法产生不可忽视的效力,对党员的思想方法是种全新的洗礼,是党的学风建设发展的核心动力。当前党员的主体意识和主体作用应更加得到重视。胡锦涛在强调党员是党的"肌体细胞"与"行为主体"的同时,提出要强化党员的主体意识。发挥主体性,可以保证运用辩证思维时有"分析"[①]、运用批判思维时有立场、运用历史思维时有高度……。同时,在继承马克思主义经典方法论的同时,提高党员的主体意识是有效应对党员畏惧创新、轻视创新、无力创新的重要举措。习近平强调要落实党员的权利,使广大党员在党内生活中

---

① 齐艳红.辩证法:在拒斥与拯救之间——分析马克思主义方法论的内在张力及其根源[J].学术交流,2011(3).

真正发挥主体作用。今天的思想建设与学风建设活动需要把党员的主体性放在更加突出的位置上，调查跟踪实践、总结经验、调整视角都必须以主体能动性为基点，思想方法研究必须发挥党员的探索创新精神。

四、继承与创新科学思想方法并重

党的十七届四中全会就新形势下的党建工作提出了建设学习型政党，同时提出领导干部要提高战略思维、创新思维、辩证思维能力。党的十八大之后，习近平反复强调要改进思维方法来保证各项改革的顺利进行。新形势不断对党员思想方法的改进提出要求，它们体现出共同的特点：既要继承与发展马克思主义哲学的核心方法，同时还应该与时俱进地创新发展出更多科学的思想方法。

（一）继承发展党员基本的思想方法

1. 将辩证思维作为马克思主义方法论中最基本、一以贯之的思想方法

马克思理论的先进性体现在科学的以辩证唯物主义为核心的思想方法。中国共产党作为先进的马克思主义政党，始终注重提高辩证思维能力。在中国革命、建设和改革的实践中，辩证思维是党的事业顺利发展的保证。毛泽东在革命时期通过反复阅读《辩证唯物论与历史唯物论》《社会学大纲》等书籍，号召全党"要学习辩证法，提倡辩证法办事"[1]。新中国立国之初，邓小平提出"要照辩证法办事"。他面对党的问题提出的实事求是方针，就是以辩证唯物主义思想提出的思想方法，改革开放与四项基本原则、先富后富思想、物质文明与精神文明共发展等具体的思想方法都是辩证唯物主义思维方式的体现。在建设中国特色社会主义事业的过程中，党的领导人不断提出坚持辩证唯物思想的论断。近年来习近平非常重视辩证思维和辩证思维能力[2]。坚持一分为二看待问题、坚持矛盾论、联系论、发展论，是当前辩证思维的具体展示。历史的实践活动证明，必须将唯物辩证

---

[1] 毛泽东选集（第3卷）[M]. 北京：人民出版社，1999：200.
[2] 杨永加. 习近平总书记强调的六大思维方法[N]. 学习时报，2014-9-1.

法作为最基本的思想方法，领会其全部要义后丰富方法论内容。

2. 在唯物辩证思维上发展系统的思想方法

系统思想早已被广泛应用到工程、军事、社会等复杂的问题中，例如著名的麦肯锡7S模型就是一种系统思维方法的具体运用。钱学森受到恩格斯思想的启发，指出"人们在了解系统思想和系统工程之前已经使用了系统思维了"①。系统思维是从系统科学中提升出来的，是现代研究方法论的内在要求。它是从思维系统的角度出发，着重从整体与部分、各要素间、系统与环境之间的相互联系和作用中，综合地研究和考察认识对象的思维方式。它要求人们在认识世界和改造世界时，从整体出发处理好整体和要素间、各要素之间的关系。习近平根据当前改革的新形势，要求全党"必须注重系统性、整体性、协同性，统筹推进重点领域和关键环节改革"。科学技术的发达，"地球村"的形成，社会的关联度和系统性越来越强，政治、文化、经济、生态等方面的改革和创新彼此牵连和影响，要求全党不断揭示事物内在的共同规律和共同属性，坚持系统的思想方法，进行良性的协同思考，使之有效结合，共同发展。新时期党提出的构建和谐社会任务目标，是要求抓住社会系统的各个部分的依存、协调关系，保证政治、经济、民生，是以科学的系统思维为指导。系统思维方式也是科学发展观具有的典型特征，通过从系统整体结构分析各个可持续发展客体的相互联系开始，凸现出系统思想方法的整体性、综合性、立体性、协同性、结构性、信息性等特征。系统思维更加能够适应时代对思想方法的需求，它是在辩证法的基础上发展了的思想方法。它"吸收了系统理论和系统科学中的积极成果"②。由于它对我们处理改革中的复杂问题具有指导意义，因此也成为了党员必备的思想方法之一。

3. 用战略思维保证党员的思想高度

战略思想源远流长，"不谋万世者，不足谋一时；不谋全局者，不足谋一域"的古语一语中的阐述谋略的重要性，《孙子兵法》也提供了一套科学的战略价值观。我党从战争时期就开始强调战略思维，毛泽东曾指出，处

---

① 钱学森等.论系统工程（增订本）[M].长沙：湖南科学技术出版社，1988：74.
② 乌杰.新世纪新思维[M].北京：中国财政经济出版社，2004：18.

理不好战争全局和局部的辩证关系会导致革命失败。邓小平提倡战略思维时说到,要开阔眼界、议大事、顾大局。近年来,战略思维发展成为考量党员思想的重要指标。十六大报告指出,全体党员干部要善于运用战略思维,这是世界政治多极化、文化多元化、经济全球化、知识信息化对党员提出的迫切要求,顺应深化改革发展的需要,是党员思维素质的展现。战略思维是党员发挥全局观,正确地把握事物规律,有预见性地掌握事物的发展趋势,具有根本性、长远性、全局性的思想方法。它关系到党员面临新的任务和责任时,是否具有主动权,反映了基本立场、观点和是否具有马克思主义基本思想方法之余,也制约着党员的眼光、绩效、决策的好坏,发展成为必备的思想方式。党员要从大局意识、机遇意识入手,抓住全局中的主要矛盾,有计划有策略地部署管控方案,形成科学的战略思维。

(二) 创新发展时代所需的科学方法

习近平在2014年APEC峰会上指出,"唯改革者进,唯创新者强"。他的稳中求进开拓创新思想激励着党的思想方法的创新发展。党的思想方法的改进与创新是学风建设中的重大问题,它改进的方向对不对,方法好不好,直接反映了党的认识,决定了党的决策、党的建设情况和社会改革进度。

1. 以法治思维推进依法治国战略部署

本书的上一节,对党员必须树立法律信仰、全面掌握法律知识做出了论述。法治思维是作为一种创新的思想方法,是指把法律当作判断是非和处理事物的准绳,尊崇法律,善于运用法律手段解决和推进工作,体现国家治理的理念和视角。经济的开放性和利益性使人们思想复杂多变,逐利性明显,矛盾冲突剧增,依靠法治的手段化解矛盾,解决纷争,是和谐社会的根本保证。十八大报告明确指出,"提高领导干部运用法治思维和法治方式深化改革"。全面推进依法治国的战略部署,使法治思维显得格外重要,它的作用大小直接影响这一目标能否实现。法治思维的重要意义还体现在,用法律约束党员的行为具有被动的色彩,具有法治思维能发挥党员的主动性,使党员自觉地、频繁地按照法治理念去思考问题,注重法律方法的运用。具有法律思维,要在遵法守法、依法行政、带头学法、用法、普法上下功夫,同时主动地为司法体制改革做出贡献。

2. 以底线思维强化党员忧患意识

党的十八大以来,习近平多次强调党员干部要善于运用"底线思维"的方法,全党范围内掀起了注重底线思维的热潮。底线思维实则是唯物辩证法的另一种表现形式,是党一贯强调忧患意识、防范意识的发展和扩充,是新时期抵御党的四大危险和迎接四大挑战的重要关卡。底线思维具有鲜明的辩证法特征:量变与质变的辩证统一。"底线"就是量变向质变发展的临界点,反映党的一种最低的要求,要求党员在最坏情况时有准备,守住立场不动摇,坚持原则不妥协。"底线"是一种界限,它的存在就证明了矛盾性,事物的两面性,要求党员一分为二并分析矛盾解决矛盾。底线意识也是制度意识,规定党员的行为在纪律框架中、权利的边界线以内。它使党员面对成绩和贡献时不自满、面对突发问题时不慌张,起到防微杜渐、自励自省的作用。底线思维的提出是基于共产党人的实践基础与深化改革的形势上的,具有时代性和创新性特征的党建利器。

3. 以精准思维促进党的工作高效务实

精准思维也在时代的呼唤中应运而生,近年来党中央重视做事方法的精准化,习近平强调"要从细节处着手,养成习惯"。精准思维是求是、求真的思想表现,强调党员能够具体和准确地行事,是具体问题具体分析方法的全面落实。新一届党的领导人在制定方针政策时,有效地运用了精准的思想方法,比如在八项规定中,精确到严禁利用公款过节送礼送月饼等行为,党的工作越来越细致化、周密化。持有精准思维,要有实干精神,脚踏实地地去了解问题,抓住问题关键,提出精准的解决方法;要有专业素质,党员工作到不到位、严不严格,精不精准,很大程度上取决于党员的专业能力和个人素质;党员解决问题精准程度,取决于对问题的掌握程度,它决定着党员对客观事物的规律把握和认识情况。精准思维是一种非常务实的思维方法,是避免党员思想产生惰性、惯用经验来"眉毛胡子一把抓"的有效措施,体现党对党员思想方法的创新科学化追求。

第五章

当前中国共产党学风建设的宏观思考

作为一个具有崇高理想的执政党,中国共产党需要把学风建设作为一项历史课题,针对不同时期不同的问题,建设的重点和举措有所调整。依靠党组织这一学风建设的另一重要主体,注重马克思主义理论学习与教育,培养调查研究的科学方法,促使党员提高用理论解决实际问题的能力,是解决理论脱离实际的学风问题的突破口。同时,建立干部奖惩机制,发挥党员模范带头作用,改进学习组织方式,激发学习动力以保证党员思想上的纯洁性,可以达到坚定党员思想立场这一学风建设的现实目标。党员个人主体修养的提升、党组织采取的重要举措,需要制度来保障其效果的连续性与稳定性,因此需要建立起一套完整的规范的学习制度,在学风建设中发挥效力。

第一节 基本环节:掀起理论学习与调查研究之风

一、全面加强马克思主义理论学习

一些社会主义国家在政党理论学习实践上得到了经验教训值得总结。前苏联在斯大林时期,出现了理论学习的一元化、封闭化、教条化现象;

后斯大林时期出现理论学习上的困顿与失控；老挝党的四大以前，由于理论准备不足而急于过渡……。之后诸多的社会主义国家汲取坚持马克思主义基本原理，创造性地学习和运用、发展马克思主义的宝贵经验时，革命和改革遍地开花。在我国，理论学习早已成为每位党员求学期间、入党之前必学的功课，然而当前学风上存在的突出问题证明了加强理论学习必须注重方法和方向。

（一）加大正面灌输性教育力度

灌输教育具有一定的单一性，但是它在以往党员的理论学习教育中发挥了不可替代的作用。除了在学校、党校及培训机构进行灌输性的理论学习外，集中学习的方式发挥效力。改革开放以来，党的集中学习活动有承前启后、一以贯之、一脉相承的主线，在不同的阶段侧重点有所不同。新时期，推进学习型政党建设，必须更加重视集中学习活动。截至2015年1月，十八届中央政治局进行的二十次集中学习中，一次是学习历史唯物主义基本原理和方法论，一次是学习辩证唯物主义基本原理和方法论。这两次学习的目的是推动对马克思主义哲学更全面、更完善的了解，牢固马克思主义为指导思想的地位。可见，如今党的集中学习教育活动，仍然是继承了与时俱进地开展马克思主义基本理论以及马克思主义中国化理论的学习，深刻领会马克思主义本真精神，努力发现马克思主义时代价值的活动。

（二）重视渗透性学习的隐形作用

前苏联教育学家苏霍姆林斯基曾提出，教育者的教育意图越隐蔽，就越能被教育对象所接受，进而转化成被教育者的内在需求。因此对于党组织来说，要采取多元化的间接教育手段促使党员进行理论学习。随着现代科学技术的迅猛发展，一些高科技传媒不断崛起，成为了人们学习与思想交流的重要方式，也影响着党员的思想、意识和文化。半个世纪以来，我党始终坚持指导思想一元主导，思想文化"双百"方针，当前我们应该大力推进和合理利用如人民网、共产党员网等互联网信息交流平台，利用网络教育、数字化党校等多媒体网络学习方式，利用如微信号"学习大国"

等移动终端技术,除了利用网络技术外,还可以把社区、部队、企业等一些社会组织纳入马克思主义理论教育的辐射范围,发挥渗透性教育寓教于乐、大化无痕的优势,成为马克思主义理论学习的助推器。

二、大力推进调查研究的工作方式

毛泽东早在1930年就提出"没有调查,没有发言权"[①] 的著名论断。习近平总书记特别强调调查研究在解决问题中的作用。2011年他在中央党校关于调查研究的讲话中明确指出:第一,调查研究的根本目的是解决问题。也就是要"把事情的真相和全貌调查清楚,把问题的本质和规律把握准确,把解决问题的思路和对策研究透彻。"第二,调查研究有利于形成决策共识。"主要负责人亲自做了调查研究,同大家有着共同的深切感受和体验,就更容易在领导集体中形成统一认识和一致意见,更容易做出决定。"[②] 2014年他在中央全面深化改革领导小组第一次会议上指出,要抓调研,"加强对重大改革问题的调研,尽可能多听一听基层和一线的声音,尽可能多接触第一手材料,做到重要情况心中有数。"[③] 中国共产党正处在全面深化改革的攻坚阶段,调查研究仍然是发现并解决问题、发扬实事求是学风的重要途径。

(一) 完善和执行党员领导干部的调研工作制度

中共中央办公厅2010年印发的《关于推进学习型党组织建设的意见》明确规定:建立健全调查研究制度,省部级领导干部到基层调研每年不少于30天,市、县级领导干部不少于60天,领导干部要每年撰写1至2篇调研报告。马克思主义是实践的科学,调查研究是马克思主义学风的科学品格,是抵制形式主义、主观主义学风的重要保证。但如果搞着花样或者

---

① 毛泽东选集(第1卷)[M]. 北京:人民出版社,1991:109.
② 习近平. 谈谈调查研究[N]. 学习时报,2011-11-21(01).
③ 习近平. 把握大局审时度势统筹兼顾科学实施,坚定不移朝着全面深化改革目标前进[N]. 人民日报,2014-1-23(01).

"走马观花"式地执行调查研究制度，无疑是不良学风的体现。因此完善的调研工作制度注重具体制度的设计和整体规划的同时，更注重调查研究工作的实效性。要重新学会调查研究这种工作方式与思维方式，领导干部进行调查研究时严禁陪同和提前打招呼，直接了解和掌握群众情况，着力运用理论解决群众和地区的突出问题。

（二）坚持和完善先调研后决策的重要决策调研论证制度

这是当前重新学会调查研究方法的关键环节。2011年，习近平对调研和决策程序做了明确规定："对本地区、本部门事关改革发展稳定全局的问题，应坚持做到不调研不决策、先调研后决策。"[①] 调查研究作为理论与实际结合的沟通桥梁，成为了解现实、把握实际的途径与方法。"八项规定"中，位居首项的就是改进调查研究，可见它对改进工作作风，理论联系实际的重要作用。先调研后决策的调研论证制度是党员干部决策的必经程序，不能忽略和省略，要作为一项严格的规定全面贯彻与执行，它是重大课题、重大决策前的评估的重要源泉，是践行群众路线的长效性保证。

三、将理论、中央精神与本地实际相结合

党的学风是思想路线问题，关键是理论联系实际。在具体的历史时期和地区条件下，学风建设的侧重点、针对性有所不同。将理论、中央精神与本地实际相结合，是对理论联系实际能力的考察，体现了先进的中国共产党优秀的理论品质与理论品德。

（一）牢牢把握改革方向

马克思主义传入中国之后，中国共产党人始终坚持这一指导思想。在此基础上，与革命的实际结合的毛泽东思想，社会主义建设实际结合的邓小平理论，与党建问题结合的"三个代表"重要思想及回答发展路线的科

---

① 习近平.谈谈调查研究[N].学习时报，2011-11-21（01）.

学发展观,使马克思主义结合中国实际得到发展。如今,把握好深化改革的方向也必将推动理论的创新和改革的顺利进行。2014年1月习近平在主持召开中央全面深化改革领导小组第一次会议上强调,全面深化改革,我们具备实践与理论基础,要把握大局、审时度势,牢牢把握改革的正确方向。他还指出,我们的改革是有方向的,方向就是不断推进社会主义制度的自我完善,以马克思主义理论为指导,坚持指导思想和坚定指导地位。因此,牢牢地把握深化改革的大方向,才会使改革的进程中原则不丢失、路线不跑偏,将理论联系实际做实做好,将理论、中央精神与本地实际充分结合。

(二)科学践行党的群众路线

每个历史时期,中国共产党学风建设作用于马克思主义与人民群众、时代实际的结合上。毛泽东始终坚持马克思主义的唯物史观和群众观点,始终坚信"人民群众是历史的创造者"。科学地践行党的群众路线,应该完成三步骤。2013年4月,中央政治局做出重要决定,全面开展党的群众路线教育实践活动,不难看出走群众路线首先要从加强全体党员的理论武装入手。开展马克思主义群众观和群众路线教育活动,全面学习马克思主义理论和唯物史观、党中央关于群众路线的重要论述,将马克思主义群众观点和党的群众路线有效地深入到党员的思想中,使党员科学地把握理论与精神,进而站在人民大众的立场和角度上,明确人民群众的地位和角色,始终保持与群众之间的密切联系。接着,用调查研究、实地考察等方式进行走基层活动,深入群众并广泛征集群众,收集资料和信息,结合本地实际情况和党的政策方针,用理论加以分析和认真研究,做出可行方案和科学决策,落实到群众中进行执行和检验。最后,将执行和检验的情况进行调查反馈和信息回收,进行反思和反复论证,将修正和改良后的方案和办法再次落实到群众生活中,形成一个螺旋式上升的过程。

(三)全面落实"三严三实"

"三严三实"是习近平于2014年就党风问题对党员干部提出的新要求,

其中"严以律己"放在首位体现了党员学习理论知识、坚定理想信念、提升个人修养的重要性，是"严以用权""谋事要实"的基本储备。它既是理论问题也是实践问题。对"三严三实"内容的学习掌握，对它的具体实践，是解决形式主义、享乐主义，规避党员精神懈怠、贪图名利、不务实效的新举措，只有做到了"三严三实"，才能将理论、中央精神结合本地情况解决党的现实问题，才能"为官一任就要造福一方"。2015年4月，中共中央对领导干部开展"三严三实"专题教育作出安排，从重知重行到全面落实。"三严三实"是党员干部将理论、中央要求与本地情况结合的本质要求，是党员干部履职做事的行动指南。"严以修身""严以律己"，就是党性品德、理论学习落到实处的完美展现，"严以用权""谋事要实"是唯物观和群众观的具体践行，"创业要实""做人要实"是党员先进的思想意识如责任意识、危机意识的充分运用。因此，落实"三严三实"是当前形势下理论联系实际的规定动作，必将在党内掀起学习之风、清廉之风、实干之风。

第二节 现实基点：激发学习动力保持思想纯洁性

态度是指个体对特定对象所持有的稳定的心理倾向。思想态度并不是瞬间性感受，因此要端正党员思想态度是一项长期性工作，要做到防微杜渐。学习的动力有内生动力和外来动力之分，内生动力靠自觉、靠需要，外来动力需要党组织的激励和约束。从奖惩、典型示范、组织方式等方面的机制入手，使党员将学习作为一种生活态度、工作职责、精神追求。激发学习的主动性的同时，促使党员干部对马克思主义"真学""真懂""真信""真用"。

一、明确干部奖惩激励机制

在党的学风建设过程中，激励机制必不可少，它是激发党员学习积极性、鼓励党员思想不断进步的重要方法。党的不同历史时期，采取了许多激励方式激发党员的思想动力。在革命时期，党员把革命胜利与共产主义的理想信念，当作重要的精神动力，激励着党员群众不断进行思想改造。理想信念作为精神激励也一直作用于计划经济时代。当全国进入市场经济建设时，党员思想出现趋利性，党组织惯用一些物质奖励手段，表彰思想上学习上表现先进的党员，而精神激励的作用弱化。随着改革的不断深化，党内激励机制的效果并不凸显，有待于更新与完善。有的党组织采取不当的激励方式，在激励制度的实施过程中，有人情和关系导向，比如出现只选领导或指定人选现象；或者搞平均主义，比如优秀党员轮流当等现象，没有优秀或没有落后党员之分，全部奖励或集体批评。

完善激励制度，首先要精神激励与物质激励"双管齐下"。激励要引导和满足党员正当需求，才会对党员产生作用。因此激励制度要从精神和物质两方面来讨论。精神激励要从注重理想信念的思想教育入手，引导党员把理想、道德、素养、能力当作一种荣耀。精神激励机制可以从几方面展开：提升机制，将党员的学习能力、思想状况与党员干部的选拔、晋升等切身荣誉挂钩，促使党员把学习上的压力转变成动力，从而来改变学习态度；参政机制，维护党员的权利，主动邀请党员聆听党委会议，参与党内事务，调动党员参政议政的积极性；帮扶机制，通过谈话、家访等形式，关心党员的学习情况、思想状态、心理问题，尤其针对学习能力不强、思想落后的党员，要帮助他们解决思想上的问题和学习中的困难，使党员思想上有组织归属感。对物质的追求是人不可避免的一种需要，适当的物质激励势必成为党员思想进步的动力。物质激励要遵循针对性、公开性、严肃性原则。刘备有言："禄等以权，死等以权，官等以权"。这三个"权"拥有不同的针对性，意思是说奖励人才要用厚禄，鼓励勇士要靠重金，激励忠臣要予官职。对党员思想动力的激发，也要具有针对性。针对党员学习能力、知识水平、思想需求的不同，进行差异化的物质激励，比如对教育环境相对恶劣的农牧业党员，给予教育机会；对经济基础相对薄弱的部分学生党员、离退休党员，给予教育基金支持；对忙于政务或忙于工作的党员，党组织安排学习假期，给他们头脑充电，"抬头"思考的机会。因此不能采用统一化的财物激励。同时要按照规章制度，通过公开的激励对象、理由、方式等保证激励的效果,从而保证激励的透明化和纪律化,否则激励会起到相反的效果,容易滋生党内腐败。

其次,要明确奖惩机制,恩威并施。奖惩机制是直接有效的外部刺激方式。奖是为了激励,惩是为了警示。延安整风运动,对王明等人的错误思想的批判与处理决定,清除了党内的错误思想,全党在思想上形成了空前的统一。在新时期,需要通过完善的考评制度,去掌握党员的思想状况、学习成果,建立起表彰奖励制度,规范表彰办法,明确奖励细则。对思想教育工作中、学习活动中的落后分子以及搞形式主义、虚假政绩、错误思想严重的党员干部进行批评、通报甚至惩处。从而在党内形成勇于批评、善于批评的良好风气。

二、发挥典型的模范带头作用

模范带头作用是一种典型的示范作用。对于我们党的事业来说,党员干部的示范带动作用是做好一切工作特别是理论建设工作的关键。我党在不同的历史时期,树立了雷锋、焦裕禄、杨善洲等各行各业的先进典型。2015年3月习近平作出重要批示,全体党员要向党的好干部邹碧华学习。他们因信念坚定、对党忠诚、创新进取精神等方面成为了时代的楷模。在树立典型的过程中我们也走过弯路,接受了一些经验教训。经验告诉我们,典型会起到一种思想引导的作用,但要通过树立典型促使党员增强党性修养,保持思想定力,需要通过良好的典型制度来达成。

树立典型制度,加强党性教育,可以从以下方面开展工作:一是要着眼于时代发展的需要,多渠道培养学风建设的先进典型,要把自上而下的调查考核和自下而上的评选推荐有效结合起来,时刻关注我党学风建设中的尖子兵、排头兵、领头羊,创造有利条件让先进典型涌现。二是要着眼于实践的需要,对实际中涌现出来的先进典型进行积极引导,精心培育,要善于发现,把先进典型放在工作实践中、放在重要岗位上去培养、去锤炼、去提高,不断提升他们的党性修养、组织领导能力和实际工作能力。在干部选拔任用中要侧重政治上过硬、作风上扎实、纪律上严明、业务能力强的先进典范。三是要着眼于榜样的无穷作用,把发扬典型精神作为一项长期工作抓好、抓实、抓出成效。要充分挖掘、有效地发挥其榜样和导向作用,结合先进典型的特色和特点,进行总结、提炼,大力宣扬典型的先进事迹、树立良好形象。

同时,也要通过建立反面典型机制,对党员思想进行正确引导。思想是行动的指南,十八大以来处理了18万党员干部,其中还不乏党内高职位领导干部。正是由于他们思想立场的模糊,理想信念的丧失,道德观念的丢弃,对思想改造的放松,导致了行为上工作中犯了严重错误。因此反面典型,有利于考验党员的理想信念,广大党员提高警惕,在思想立场上绝不犹豫,思想态度上绝不摇摆,思想方法上绝不落后,时刻保持清醒头脑,明辨是非,把握思想和工作的正确方向;有利于考察党员的道德修养。使党员以社会主义核心价值观内容作为道德标准,坚守思想阵地;有利于重视党员的自制自律。纪律是约束和规范人的最基本的方法,对于党员来说,新形势下,自制和自律是防止思想防腐拒变的重要方式,党员要不断审视自身的思想观念,尤其是金钱观、权力观和享乐观。

三、改进党员的学习组织方式

截至 2014 年底,中组部统计出全国各地区各行业有 268 万多个党组织,在党政机关事业单位覆盖率已达到 99.6%[①]。可是在 2015 年年初,中纪委相关报道指出一些落马高官称从未感觉到党组织的存在。组织学习的方式是转变党员思想方法的最佳捷径,通过创新管理理念,有利于提高我党内部学习的效率,扭转思维方式,营造浓厚的学习氛围,保持党员思想纯洁性。

(一)改进干部培训的学习组织方式

根据调查研究显示,我国党员干部培训将仍处于资源约束型状态,为

[①] 中共中央组织部.2013年中国共产党党内统计公报[EB/OL].新华网,2014-6-30.

解决供给与需要的长期矛盾，其解决路径是抑制需求或扩大供给①。显然，抑制党员对学习的需要是不符合世情、国情和党情的。因此，扭转这一局面的关键在于建立合理的培训制度，将培训资源利用最大化，变相达到增加供给的目的。通过培训干部培训的相关制度的完善，充分体现干部教育培训在学风建设中的积极作用。

首先是建立轮训的培训制度。这是由我们党的实际情况决定的，我们党是一个有着八千多万党员的大党，有必要通过轮流培训的方式保证所有的党员都参与到培训中来。当前是知识爆炸的时代，知识的更新速度大大加快，人们必须通过持续学习、不断学习，紧跟时代的步伐。培育良好学风绝不是通过开展寥寥几次的学习活动就能实现的，学风的形成也不是依靠一窝蜂式的学习来形成，从这个意义上说，通过建立起合理有序的常态化的轮训制度，保证每个党员学习的参与度，保证每个党员都实现终身学习，这才既能提升党员干部的理论水平和政治素养，同时又能保证党员干部的工作得到比较合理的安排。

其次是健全培训制度的各个细节，包括培训的对象设计。干部教育培训的对象是全体党员，但应有所侧重。入党前的培训教育不仅不可缺少还应该在内容和方式上进行丰富，使党员在入党之时就接受多面的学习教育。通过培训多层次多角度的考核党员的基本素质，这是促使党员先进性和纯洁性的第一道门。与此同时，各级党组织还应更加关注学习能力较弱和学习态度不端正的党员，要有针对性地在安排学习时对其多加考虑，增加学习内容和延长学习时间，保证学习质量；在时间的安排上，必须通过规范化、制度化的规章制度，以制度保障学习时间的常态化和固定化；在培训开始前，要落实学习的内容，学习内容必须贴近学员工作的实际，同时根据不同层次制定教学方案；在培训过程中，要珍惜培训资源并进行合理使用，主动积极地探索有效的培训方式方法，不断探索新的教学模式，更新教学内容，提升教学质量。

---

① 叶绪江. 当代中国干部教育培训有效供给研究 [D]. 南京：南京农业大学，2012：28.

(二) 兼用多种开放式的学习组织模式

思想意识的不断交流与碰撞，能够起到开阔视野、更新思想的作用。在党员的学习机制中，应广泛推广开放式的交流模式，促使党员学习主动性、创新性的发挥。

截至2015年底，在8875.8万党员中，有44.3%的学员具有大专及以上学历，从事农牧渔工作的党员占据了近30%。坚定的立场与理想信念，是对全体党员的基本要求。但是由于党员自身条件的不同、所处行业的不同、所在环境的不同，他们所掌握的知识、关心的问题、思想的困惑都有差异。在针对党员的学习教育中，照本宣科的统一化学习组织模式已经被时代淘汰，反映为党员面对学习应付了事，积极性不高，情绪低迷等。因此，要设立差别式的学习目标和学习内容，组织学习。各级各行业的党组织，应该结合本区域本行业的特点，坚持以人为本，建立有差异有针对性的学习目标，采用能解决不同类别党员思想问题、知识不足、意识落后等问题的教育内容。多开展交流研讨、座谈会、学习沙龙，学习大讲堂提倡开放性互动性的学习方式。"学习月"、每月固定"学习日"活动已成为诸多地区和单位习惯采用的学习组织方式。2013年荆州市开展的党章学习月活动，通过制发方案，以"百个小组读党章、百场活动赛党章、百名专家讲党章、百个典型用党章"多种方式激发了党员学习的热情。在此活动中，荆州区各单位制定了相关的学习制度，学习效果得到了保证。2014年和2015年"全民阅读"两次出现在政府报告里，提倡开展相关活动这是贯彻学习型社会的重要举措。多样化开放式的学习组织形式，势在必行。

第三节 保障体系：完善党员干部的学习制度

学习靠自觉，也要靠制度。党历来重视学习制度的确立，学习小组制度、学习汇报总结制度、学习奖惩制度早在延安整风运动时建立并执行。将学风建设制度化，意义在于用制度资源和制度权威，来保证我们党员时刻保持着旺盛的求知欲和学习力，将马克思主义的优良学风内化于行为准则，进而达成优化学风的目的。以科学制度保障党的学风建设是党的建设科学化的基本内容。刘云山曾明确指出："抓实抓好学习型党组织建设工作，关键是要建立健全一套科学完备、符合实际、行之有效的学习制度"。① 因此，当前学风建设的重要举措还在于把党组织作为学风建设的主体，探索出切实可行的制度体系。观念系统、规范系统、组织系统、设施系统被社会学认为是重要的制度构成要素②，学风制度可以在此理论基础上展开设计。

一、建立严格的学习规章制度

从加入共产党那一日起，每位共产党员就必须遵守党的规章制度。党的学习制度中最基本的也是党的规章制度。党的十六大以后，大力推进中央政治局集体学习的制度化，在此推动下，党内的学习规章制度日趋完善，"三会两课"制度也在落实落细。现任中组部部长赵乐际在 2015 年年初举办的全国干部学习培训教材出版座谈会上指出，党员要提升修养、练就本领。"要坚持从严教育干部，从严治学、从严治教、从严治校，大力弘扬务实之风、简朴之风、清正之风"③。党内优良学风的形成必须依靠严格的、成型的、规范的规章制度，进而对党员的学习提出要求。

（一）严谨档案学习制度

建立学习档案，是制约、监督党员干部不断地加强自身学习的基本手段，是党的学风建设机制的重要组成部分。党员的学习档案材料能够比较清晰地反映学员的学习过程，是量化党员干部学习成果的重要材料，能够更加直接地反映我们党的学风建设的规章制度完善与否。瑞典政府早在

---

① 刘云山. 以高度政治自觉推进学习型党组织建设不断提升党员干部理论水平和实践能力 [J]. 思想政治工作研究，2010（3）.
② 朱力. 社会学原理 [M]. 北京：社会科学文献出版社，2003：226.
③ 赵乐际. 把习近平总书记《序言》重要精神落到实处 [EB/OL]. 共产党员网，2015 – 2 – 28.

1999 提议确定一种"学分账户"① 制度,通过学分把学习的成果进行认证、记载和处理。每位社会公民都可以拥有这个账户,并且这个账户长期有效。在每个学习机构里得到的学分和成果,都可以相互承认。这种终身制的账户制度,为个人的学习提供多样化、开放性、规范性的保证,值得我们学习和借鉴。档案资料应主要包括学习计划、学习笔记、学习记录、学习作业(包括总结、调研材料、研讨文章)、学习评价、学习考核等。学员的档案制度的建立将有利于在党内形成比较完善的责任、监督机制,促使党员干部转变学习习惯,在党内培育出普遍的、具有良好理论素养、能够正确运用理论进行实践的优良学风。

(二)严明学习考勤制度

学习考勤制度是通过制度性建设来约束党员干部,保证党员干部学习的参与程度,保障党员干部的学习时间和学习质量。要建立健全学习出勤制度,就必须要制定科学、周密的学习考勤表,保证记载真实。对每一个参加学习的党员干部进行出勤登记,防止部分党员干部以工作繁忙为由借故不参加或者不按时参加学习,各级党组织要建立起完善的监督机制,严格落实,严格登记,确保党员干部参与学习的时间和效果。将出勤情况作为党员干部学习制度建设的重要考核指标,严格调查缺勤情况,对于无故不参加或者缺席学习的党员干部进行通报批评,并进行补课。出勤制度将学员的学习情况向外界公开,进而使学员的学习的具体信息透明化、公开化。

(三)严密学习宣传制度

党的理论知识、政策法规等重要内容,通常是通过两条基本路径来进行宣传教育的。一是由政府、党团组织、教育机构、工作单位、网络传媒等正式组织方式构成的,二是由家庭、社区、伙伴朋友等非正式组织方式构成的。这两条路径的宣传情况,从现实作用看,前者的宣传力度发挥得

---

① 刘奉越. 瑞典个人学习账户制度研究 [J]. 教育发展研究, 2008 (5).

更多，后者相对较为薄弱，有时甚至起到了与正式组织宣传方式的作用相反的效果。2009年李源潮在讲话中指出，有些领导干部喜欢建立自己的"小圈子"、结交"小兄弟"、放纵"小嗜好"。人民网对党员干部的"三小"现象进行调研，发现有85.04%的受访者选择"有，且相当普遍"，75.70%的受访者认为"小兄弟"是指"心术不正、趋炎附势的人"，那么他们之间的来往必然对党员思想建设有反向作用。同时，"单位与家庭、学校与家庭、社区与家庭在教育的内容、方法、严谨度上存在不对称、不相协调的状况"①。因此要形成全社会各个关系网络正面教育、正能量宣传，建立主流意识形态有机宣传教育格局，增强主流意识形态的整合力。

在正式组织中也可见，个人往往喜欢在其中寻找到朋友或者小团体，在共同价值观作用下，形成非正式组织（见图5.1），不断进行相互学习与思想交流。

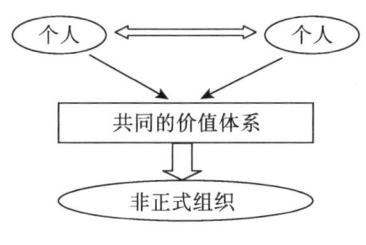

图 5.1

近年来国外的组织行为学研究认识到非正式组织的积极作用。当前非正式组织的学习与宣传活动，势必成为学习型组织的重要辅助方式。正式组织要建立相关制度确保非正式组织充分了解和认同正式组织所处的环境、面临的情况及组织的文化，对正式组织提供的信息进行再次传递与全面宣传。要以拓宽非正式组织内部的正面信息沟通渠道、降低信息传递失真性、克服小道消息、负面消息、非主流文化等消极内容的散播和报道为重要抓手，同正式组织一同建立起促进学习力的宣传制度。

---

① 戴焰军，李英田. 党的执政能力建设与意识形态工作 [M]. 北京：党建读物出版社，2005：126.

二、完善党委中心组学习制度

学习型组织的组织结构是扁平式的，目的是为了保证上下级不断沟通，让下级直接体会到上级的思想决策与集体智慧。党的中心组的集中学习机制也起到了同样的作用。2013年底，全国各级地方委员会共有3219个，在全国各行业党组织各基层党组织中起领导核心作用。近年来，党中央十分重视党委中心组的学习制度。中央政治局的集体学习制度、各级党委中心组的学习制度会对基层单位的学习制度提供有利的借鉴，因此完善和优化党委中心组学习制度尤为重要。

（一）中央政治局集体学习制度做标杆

中央政治局集体学习的模式是党的十六大以来建立的一项重要学习制度。中央领导集体学习制度很严谨，它的流程完整性起到了示范的作用。中央政治局集体学习，具有选题广泛和组织严密的特点。在选题上，充分地体现了将理论联系实际的思想方法，尤其是十八大以来的中央政治局的集体学习，将理论学习作为重点，集中学习了中国特色社会主义理论与实践、历史唯物主义基本原理与方法论、社会主义核心价值观等内容，并对当前党的工作中的重要内容进行了专题学习，包括全面推进依法治国、实施创新驱动发展战略、反腐倡廉、生态文明建设等。在组织上，由中共中央办公厅和中共中央政策研究室牵头，中央政治局的集体学习通过采用"三级负责""集体备课""圆桌课堂"等制度，确保选题和学习内容、学习方式的科学性。对教师要求三次试讲、对教师语速、声调、时间的把握都提出了严格的要求，对集体学习的具体形式做了全面的规定和细则要求。对学习内容的正确把握，对学习形式的严格要求、对学习时间的准确规定，使这项制度高效且顺利的得到落实，成为了各级党委中心组集体学习的标杆。

（二）各级党委中心组的学习制度应不断完善

只有中心组对党的方针政策学习透彻，才能直接有效传达和教育给其他党组织。2008年中共中央办公室下发了《关于进一步加强和改进党委（党组）中心组学习的意见》，其中对党委中心组学习提出了一系列要求，作出了明确部署。习近平也作出了重要指示，要进一步加强和改进党委（党组）中心组学习制度，不断丰富学习内容，创新学习方式，规范学习管理，提高学习效果。各地方学习贯彻了文件精神和讲话精神，制度的框架已经基本建成，并在不断地趋于完善。伴随着制度的落实，各级党委中心组认真贯彻落实党中央战略部署，开展了一系列主题突出、富有成效的中心组学习研讨活动，以领导干部的学习带动党员的学习，各级党委中心组学习走上制度化、规范化轨道。当前党委中心组的学习制度，需要做的是改善思想方法，针对新时期的新课题，采取讲授式与研讨式、实践式方法相结合，可以制定集中学习、分头准备、独立发言等灵活的学习模式，来保证制度的有效落实。

我们党改革开放以来的学习制度建设的理论和实践充分说明，这种中心组学习制度是提升党员干部的理论水平和改善学习方法，促进党的学习风气形成的重要组织形式。各基层党组织的学习制度以此为鉴，要根据本地区、本部门实际，结合当前的形势，定期制订学习的计划、筹备学习内容、规划学习目标，形成合理科学的学习制度。

三、规范党员学习资源保障制度

建立规范合理的学习资源保障制度为学风建设提供载体，进而保证党员用科学的方式看待事物、处理工作。通过数字化学习平台的搭建，学习生活的资源保障会有效地推进学风建设有条不紊地进行。

（一）构建数字化的学习环境

《孙子兵法》里说："算则胜，不算则不胜；多算胜，少算则不胜。"这里的"算"字代表了如何运用数字，来为思想内容做支撑。在古代，将领打每场战役，都要考虑到天时、地利、人和的因素，这些都可以用数字来表现。如今国家之间、政党之间的竞争，都是依靠文化与素质的竞争[①]。有资料显示，数据文化伴随着信息科学的发展，成为了时代的主流。大数据时代的到来，为党员提供大量的信息，引导我们具有更为广阔的事业。越来越多的学习资源正以数字化、信息化形式存在着，作为一种强劲的文化环境对党员思想交流、学习活动发挥了巨大的作用。掌握大数据的能力，人类思维和决策的方法将进入更高层次[②]。党内能否形成"用数据说话、用数据决策、用数据创新"的文化氛围，会极大影响党的学风建设，影响党建科学化，甚至影响党的竞争力。

1. 搭建数字化的学习平台

各级党组织已经意识到，数字化环境决定了党员是否具备时时学、处处学的学习方式。比如，中组部为广大党员提供了共产党员手机报、全国党员干部现代远程教育、共产党员微信等数字化平台；基层党组织也在为党员提供移动的学习环境，如牡丹江东京城林业局将时事政治、党建重点等信息推送到每位党员手机上，拓宽了党员的学习渠道。可见，学风建设的数字化环境已经有了一定的基础，但还存在许多发展的空间。对于信息化发展较弱的地区，数字化平台的建设在技术上就存在困难。还有的党组织由于党员年龄构成、文化水平等因素，党员思想和能力上普及数字化的学习方式存在困难。针对这些问题，上级党组织要给予技术上的支持和人员上的帮助，存在困难的党组织要制订相关计划，建立一帮一的辅导模式，培养党员的数字化信息操作技能，使数字化学习广覆盖；同时督促党员具备信息收集、筛选、提炼和综合的能力，形成正确的观点和认识，确保科学利用有价值的信息，主动过滤、辨别不良信息。

2. 用"大数据"评估学风建设情况

大数据的运用，可以掌握党员的思想情况、追踪党员的学习情况、评估学风建设的效果，为各级党组织提供具体的参考依据。党组织为了了解党员的思想动态和学习状况，习惯采用的座谈、民主生活会等反馈方式无法具体量化，也很难体现党员的真实想法。党组织不能完全把握这些信息，

---

① 涂子沛. 数据之巅 [M]. 北京：中信出版社，2014：252.
② 丁健. 浅析大数据对政府的推进作用 [J]. 中国信息界，2012（9）.

学习制度在设置中有失得当,在运行中得不到好的效果,学风建设就会受到影响。大数据的应用有利于解决这一问题,运用调查问卷、党员学习资料阅读量、学习考核量化的数据分析等,判断党员的思想情况。分析结果有利于党组织学习计划的安排,学习制度的设定。"大数据"技术的引入,可以广泛地采集相关影响因子数据,综合分析学风建设的制度运行效果,对学风建设的多个环节和细节进行把控,从而达到评估学风建设的目的。

(二)完备的资源保障体系

学习资源在教育技术 AECT94 中定义为学习过程中所要利用的各种信息和环境条件。有学者把学习资源分为三部分:物化资源、人际资源和生成性资源。① 物化资源顾名思义,包括学习工具等一系列硬件资源,在这里还需要强调完善学习载体和学习资金等多种根本性的物化资源保障,促进其体系的完整化发展。

1. 载体保障:发挥党员教育培训基地作用

载体具有传输能量的作用,党员需要通过学习载体的支持不断地获取知识资源进而优化思想。加强党员培训基地的建设,是对党员学习载体的支持。具体而言,首先,加强党校熔炉作用。1995 年颁布的《中国共产党党校工作暂行条例》,以法规的形式指出党校的性质以及在培养党员干部中的重要地位和作用。习近平多次强调,要把党校姓党原则和从严治校、从严施教、从严管理的要求贯彻到党校全部工作中、落实到具体制度上。2008 年发布的《中国共产党党校工作条例》,是当前党校制度建设的基础,是党校资源整合与系统建设的蓝本。各级党校要结合条例内容,在教学与服务的对象与教学内容上要有详细明确的规定,对党校工作的原则、方式、程序、监督等问题做出可行性规定;同时要借助其他干部培训与教育机构的支持,整合党校的资源,完成党校系统化建设。

其次,利用实践教育基地开展思想教育。在中国共产党新闻网上清晰可见,我国有上百个红色教育示范基地,还有井冈山干部学院、延安干部

---

① 张赛男. 基于集体智慧的开放学习资源聚合与分享研究 [D]. 长春:东北师范大学,2014:58.

学院等专为党员干部设立的培训基地，中华传统文化教育基地更是数不胜数。党组织应该利用起红色文化资源和传统文化资源，进行正面教育，学习先进人物，学习楷模事迹，重温党的历史，感受传统文化的博大精深和独特魅力。这种亲身感受比在书本上、授课中的感受更为直接，有助于弘扬正气、扭转歪风、端正思想。

最后，发挥高等院校、行业培训机构、社科研究机构等干部培训基地作用。它们通过发挥各自的独特优势与不同作用，通过丰富的培训方法与培训内容，成为党员开阔视野、增长专业知识、获取前沿信息的直接通道。

2. 资金保障：建立专项专用的学习资金保障制度

学风建设离不开强有力的资金支持，必须要建立一整套与之相配套的专项专用的学习资金保障制度。其一，制定硬件的专项专用的资金保障。在管理好专项资金的同时，不断地拓展资金的投入渠道，可以通过募捐、投资等方式加大经费的投入力度。在此基础上，加强硬件设施建设，建设符合信息技术条件的图书馆、电子教室等，通过建立学习网站等方式推动自觉学习、主动学习和因时因地学习的现代化的学习方式，为培育优良学风提供持续性的物质基础。其二，建立专项专用的软件资金保障。严格履行相关制度，设定学习保障的专用资金，根据学习需要，充分保障教研人员和分配学习资源的所需资金，并充分保障所需资金的按时到位。如上所述，干部培训制度、奖惩机制都需要专项资金的大力支持。小到每个党组织的每次学习活动都少不了专项资金的供给，比如有了市直机关工委专项拨款，宜春市在2007年为党员办理学习"绿卡"，有千余名党员到新华书店长期参加党员读书俱乐部，为党员提供了一个良好的学习平台。可以看出，建立专项专用的学习资金保障制度，是党的学风建设制度化和常态化的物质基础。

附录：关于党的学风情况的调查问卷

制表机关：　　　　　　　　　　　　　　　　　　序号：

尊敬的先生\女士您好：

本调查用于调研项目的前期研究工作，问卷不会记录有可能公开您个人身份及相关信息的任何内容。敬请您如实填写，可能会占用您的宝贵时间，衷心感谢您的大力支持！

［请您在选中的项目上划"√"即可，每小题只能选一项。谢谢您的合作！］

A1. 您的性别：

A. 男　　　　　　　　　　　B. 女

A2. 您的年龄：

A. 21–30 岁　　　　　　　　B. 31–40 岁

C. 41–50 岁　　　　　　　　D. 51–60 岁

E. 60 岁以上

A3. 您的职业：

A. 公务员　　　　　　　　　B. 事业单位

C. 国有企业　　　　　　　　D. 私营企业或个体

E. 其他

A4. 您的学历：

A. 中专及以下　　　　　　　B. 大专

C. 本科　　　　　　　　　　D. 研究生及以上

B5. 您对当前党员的思想状况满意吗？

A. 非常满意　　　　　　　　B. 满意

C. 一般　　　　　　　　D 不满意

B6. 您入党的主要原因或目的是什么？

A. 入党是对个人学习和工作成绩的肯定

B. 对找工作和职位提升有好处

C. 身边人都申请就申请了

D. 信仰马克思主义，为共产主义事业、全心全意为人民服务

E. 其他

B7. 您认为影响党员思想问题的主要原因是什么？

A. 个人利益的驱使　　　　B. 理想信念的动摇

C. 党员责任意识的丧失　　D. 道德底线的沦陷

E. 其他

B8. 您在什么情况下会主动学习？

A. 学习、工作中遇到急需掌握的知识

B. 党中央召开重大会议、出台新的政策

C. 单位组织学习时

D. 能在短期内见到好处的学习

E. 其他

B9. 您认为针对党员学习所做的规定有无必要性？

A. 完全有必要，应遵守　　B. 有一定必要性但要灵活安排

C. 没有必要，就是形式　　D. 说不清楚

B10. 您认为个人提升或升职的关键在于？

A. 学习能力　　　　　　　B. 工作能力

C. 人际关系　　　　　　　D. 其他

B11. 您认为您获得上级党校或专业院校学习机会的目的是？

A. 提升个人素养、开阔视野　B. 能力的象征

C. 提高专业能力、水平　　　D. 增加入党、升职、选拔的机会

B12. 您在工作中遇到了问题一般如何解决？

A. 向领导请示　　　　　　B. 向同事朋友请教

C. 上网、翻书查阅　　　　D. 暂放一边

B13. 您对历史类、职业道德、素质修养类课程和书籍感兴趣吗？

A. 非常感兴趣 　　　　　　B. 有些兴趣

C. 不太感兴趣 　　　　　　D. 没兴趣

B14. 您认为学习党的经典著作、领导人重要思想、党的方针政策跟自己有关系吗？

A. 肯定有 　　　　　　　　B. 有些关系

C. 关系不大 　　　　　　　D. 没关系

E. 不知道

B15. 您对共产党员身份与党员先进性之间关系的看法是：

A. 有直接关系 　　　　　　B. 有一定相关性

C. 没什么关系 　　　　　　D. 不清楚

B16. 党组织组织的学习活动，您的参与程度是：

A. 积极参加 　　　　　　　B. 参加有兴趣的

C. 被动参加 　　　　　　　D. 不参加

B17. 您认为目前制约您学习时间的原因是：

A. 工作太忙应酬太多，读书时间被挤占

B. 不感兴趣没有把读书当作必要的事情

C. 不知道学习什么，不会学习

D. 其他原因

B18. 您认为在影响党员干部学习质量的因素中，哪类问题最严重？

A. 追求享乐，玩物丧志，不愿读书

B. 热衷应酬，忙于事务，不勤读书

C. 浅尝辄止，不求甚解，不真读书

D. 学而不思，知行不一，学用脱节

C19. 您平时获取知识的主要渠道：

A. 书籍、报刊、电视、网络　　B. 培训轮训

C. 座谈交流、讨论发言 　　　　D. 基层锻炼、考察调研

E. 其他

C20. 您学习动因是什么？

A. 解决现实问题　　　　　B. 对学习有兴趣

C. 随意打发时间　　　　　D. 其他

C21. 您最喜欢学习哪类知识：

A. 实事政治类（包括理论）　B. 经管类

C. 名人传记传统文化类　　　D. 专业与业务相关类

E. 实用畅销类

C22. 您每周用于读书学习的时间大约是？

A. 1－3 小时　　　　　　B. 3－5 小时

C. 5－10 小时　　　　　 D. 10 小时以上

C23. 您每年购书或者借书多少本？

A. 1－3 本　　　　　　　B. 4－8 本

C. 8 本以上　　　　　　　D. 没有借阅或购书习惯

C24. 您的读书方式通常是：

A. 浏览　　　　　　　　　B. 浅读

C. 深读　　　　　　　　　D. 精读

C25. 当前您主要的学习内容包括哪些？

A. 经典著作　　　　　　　B. 相关方针政策

C. 专业技能　　　　　　　D. 综合知识

C26. 您对下列经典文献的熟悉程度：

a. 《共产党宣言》。

　A. 非常熟悉　　　　　　B. 一般熟悉

　C. 不熟悉　　　　　　　D. 非常不熟悉

b. 《资本论》。

　A. 非常熟悉　　　　　　B. 一般熟悉

　C. 不熟悉　　　　　　　D. 非常不熟悉

c. 《毛泽东文选》。

　A. 非常熟悉　　　　　　B. 一般熟悉

　C. 不熟悉　　　　　　　D. 非常不熟悉

d. 《邓小平文选》。

A. 非常熟悉　　　　　　　B. 一般熟悉

C. 不熟悉　　　　　　　　D. 非常不熟悉

C27. 您在工作和学习中经常做调查研究或实地访谈吗？

A. 经常会做　　　　　　　B. 遇到具体情况会做

C. 没有时间做　　　　　　D. 没有必要做

C28. 您参加所在单位或党组织最多的学习内容是什么？

A. 学习文件　　　　　　　B. 政治理论

C. 业务学习　　　　　　　D. 综合知识

C29. 您对您所在的单位或党组织安排的理论学习的效果评价为？

A. 很好收获很大　　　　　B. 一般收获不大

C. 不太好，没有实际收获　D. 很不好有副作用

C30. 您当前参加的学习状况是：

A. 自学　　　　　　　　　B. 集体学习

C. 脱产学习　　　　　　　D. 其他

D31. 您所在单位、党组织有明确的学习计划吗？

A. 是　　　　　　　　　　B. 否

D32. 您认为您所在单位、党组织学习计划、制度执行得如何？

A. 按时进行　　　　　　　B. 灵活执行

C. 敷衍了事　　　　　　　D. 流于形式

E. 仅依靠会议体现

D33. 您所在的单位或党组织中有哪些学习制度？

A. 考核评估奖惩制度　　　B. 轮训培训制度

C. 学习档案归集制度　　　D. 学习情况通报制度

E. 基本没有具体制度规定

D34. 您所在的单位或党组织学习氛围如何？

A. 浓厚　　　　　　　　　B. 较好

C. 一般　　　　　　　　　D. 较差

E. 很差

D35. 您所在的单位或党组织中有哪些现代化学习设施？

A. 图书馆　　　　　　　B. 学习网络

D36. 你认为学习环境是否重要？

A. 重要　　　　　　　　B. 一般

C. 不重要

D37. 您所在的单位或党组织有没有建立"学习小组"类似的组织？

A. 有　　　　　　　　　B. 没有

D38. 您所在的单位或党组织组织的学习有实际作用吗？

A. 有　　　　　　　　　B. 一般

C. 不太有　　　　　　　D. 没有

D39. 您对所在的单位或党组织对政治理论学习的态度是？

A. 很重视，定期组织学习

B. 中央、上级有要求时就组织学习

C. 有要求但效果不佳

D. 基本没有

E40. 您对党的学风建设有何宝贵意见？

结　语

　　中国共产党人经历了长期的革命、建设与改革的过程，将理论联系实际，探索出了适合我们中国国情的学习型、服务型、创新型政党建设的道路，为新时期党的学风建设发展提供了可能。同时，在党的学风建设问题上，中国共产党人又面临着全球高速信息化发展的挑战，党员共同理想信念出现动摇；经济高速发展物质利益需求与精神需求、集体利益与个人利益之间选择困境，党员价值观受到挑战；深化改革，发展步伐加快，社会问题增多，党员出现本领恐慌。在学习型政党建设进行时，党的学风建设接受时代的召唤，这是党建科学化对学风建设的必然要求，也是选择研究马克思主义学风建设的意义所在。

　　党的学风建设是一个历史课题，是一个不断扬弃的过程，不能一概而论。特定的历史时期，针对不同的问题和时代任务，学风建设的内容总是有所不同。延安时期提出理论联系实际的学风；社会建设时期探究将马克思主义结合中国实际并指导实践的学风；改革时期推崇解放思想、实事求是的学风；改革的新时期提倡创新，建立学习型政党来优化学风。因此党的学风建设需要将理论联系实际的优良学风继承与发展，需要摒弃外界入侵的或自身产生的错误思想和腐化的学风，将实事求是的传统进行科学化的创新研究。

　　党的学风建设研究是一项具有现实性、实践性的课题，常谈常新。常谈，是因为它始终是马克思主义学者的关注点。常新，是因为它总是随着时代变迁具有不同特点与要求。在马克思主义学习型政党建设背景下研究这一课题，是近年来党建理论研究的热点，这些研究取得了丰硕的研究成果，然而将两者的研究结合起来，并站在不同高度上进行系统研究却是一个富含新意的课题。这同时也是个非常大的课题，还有许多的问题有待于进一步研究，诸如将学风观点融入学习型组织的论域中研究还不够深入，学习型组织的学习模式与学风制度的设立没有一一衔接；十八大提出的"五位一体"、十九大报告中强调的"二十一世纪中国的马克思主义展现更强大、更有说明力的真理力量对学风建设提出的新要求等没有进行论述；从中国传统文化入手分析党的学风问题的根源，对当前中国共产党的学风建设的有效措施也有待于进一步研究与探讨。笔者针对整个党的学风建设问题进行尝试性研究，希望本书能起到抛砖引玉的作用，书中还存在诸多的不足，所提出的观点或许还比较浅薄，还需要日后进行更深入地学习与调研。

党的学风建设持续了几十年，通过不断地实践丰富与更新其内容与方法，它的大发展必将推进党风建设，进而聚集正能量推动深化改革，实现中华民族的伟大复兴！

参考文献

一、经典文献与党的文献

[1] 马克思恩格斯全集（第1、3卷）[M]．北京：人民出版社，1995，2002．

[2] 马克思恩格斯选集（第1-4卷）[M]．北京：人民出版社，1995．

[3] 列宁全集（第1、35卷）[M]．北京：人民出版社，1984，1995．

[4] 列宁选集（第1-4卷）[M]．北京：人民出版社，1995．

[5] 毛泽东选集（第1-4卷）[M]．北京：人民出版社，1991．

[6] 毛泽东文集（第1-8卷）[M]．北京：人民出版社，1996．

[7] 毛泽东．毛泽东早期文稿[M]．长沙：湖南人民出版社，1995．

[8] 建国以来毛泽东文稿（第4册）[M]．北京：中央文献出版社，1992．

[9] 毛泽东著作选读（下册）[M]．北京：人民出版社，1986．

[10] 刘少奇选集（上卷）[M]．北京：人民出版社，1981．

[11] 邓小平文选（第1、2卷）[M]．北京：人民出版社，1994．

[12] 邓小平文选（第3卷）[M]．北京：人民出版社，1993．

[13] 江泽民文选（第1-3卷）[M]．北京：人民出版社，2006．

[14] 胡锦涛．在庆祝中国共产党成立90周年大会上的讲话[J]．求是，2011（13）．

[15] 胡锦涛．坚定不移沿着中国特色社会主义道路前进为全面建成小康社会而奋斗[J]．党建研究，2012（12）．

[16] 习近平．之江新语[M]．杭州：浙江人民出版社，2007．

[17] 习近平. 深入学习中国特色社会主义理论体系努力掌握马克思主义立场观点方法 [J]. 求是, 2010 (7).

[18] 习近平. 关于建设马克思主义学习型政党的几点学习体会和认识 [J]. 共产党人, 2010 (2).

[19] 习近平. 各级党校要突出抓好学风建设 [J]. 党建, 2008 (12).

[20] 习近平. 领导干部要读点历史 [J]. 中国党史研究, 2011 (10).

[21] 习近平. 坚持和充分发挥党的独特优势 [J]. 求是, 2012 (15).

[22] 习近平. 善于学习增强本领努力实现"中国梦" [J]. 学习活页文选, 2013 (20).

[23] 习近平. 领导干部要爱读书读好书善读书 [J]. 学习活页文选, 2013 (18).

[24] 习近平. 习近平在十二届全国人民代表大会第一次会议上的讲话 [N]. 人民日报, 2013-3-18.

[25] 习近平. 依法治国依法执政依法行政共同推进法治国家政府法治社会一体建设 [N]. 人民日报, 2013-2-25 (1).

[26] 习近平. 在全党大兴学习之风, 依靠学习和实践走向未来 [N]. 人民日报, 2013-3-2.

[27] 刘云山. 以高度政治自觉推进学习型党组织建设不断提升党员干部理论水平和实践能力 [J]. 思想政治工作研究, 2010 (3).

[28] 刘云山. 在全党兴起学习之风调研之风实干之风 [J]. 理论参考, 2013 (4).

[29] 刘云山. 谈谈端正学风 [N]. 学习时报, 2013-4-8 (5).

[30] 中共中央关于加强和改进新形势下党的建设若干重大问题的决定 [M]. 北京: 人民出版社, 2009.

[31] 中共中央文献研究室编. 十四大以来重要文献选编 [M]. 北京: 人民出版社, 1997.

[32] 中共中央文献研究室编. 十五大以来重要文献选编 [M]. 北京: 中央文献出版社, 2000.

[33] 党的群众路线教育实践活动学习文件选编 [M]. 北京: 党建读

物出版社，2013.

[34] 中共中央宣传部理论局．七个怎么看［M］．北京：人民出版社，2010.

[35] 全国党的建设研究会编．马克思主义学习型政党建设研究［M］．北京：党建读物出版社，2011.

二、学术著作

[1] 戴焰军．建设马克思主义学习型政党［M］．北京：中共中央党校出版社，2010.

[2] 房成祥．毛泽东与延安整风运动［M］．西安：陕西人民出版社，1995.

[3] 冯刚．新形势下意识形态相关问题研究［M］．北京：光明日报出版社，2014.

[4] 高放．政治学与政治体制改革［M］．北京：中国书籍出版社，2002.

[5] 高九江，韩林．延安时期马克思主义中国化研究［M］．北京：人民出版社，2014.

[6] 高树钦．十一届三中全会以来党的主要历史经验［M］．北京：中共中央党校出版社，2000.

[7] 韩华．全球化背景下中国共产党人价值观研究［M］．北京：光明日报出版社，2010.

[8] 黄凯锋．当代中国价值观研究新取向［M］．上海：学林出版社，2008.

[9] 侯惠勤．马克思主义中国化理论创新30年［M］．北京：中国社会科学出版社，2008.

[10] 郝克明．跨进学习型社会——建设终身学习体系和学习型社会的研究［M］．北京：高等教育出版社，2008.

[11] 河清．全球化与国家意识的衰微［M］．北京：中国人民大学出版社，2003.

[12] 胡绳. 中国共产党的七十年 [M]. 北京：中共党史出版社，1991.

[13] 焦国成. 传统伦理及其现代价值 [M]. 北京：教育科学出版社，2000.

[14] 金冲及，陈群. 陈云传 [M]. 北京：中央文献出版社，2005.

[15] 金星华. 民族文化理论与实践——首届全国民族文化论坛文集 [M]. 北京：民族出版社，2004.

[16] 贾进. 马克思主义学习型政党建设党员干部读本 [M]. 北京：中央党史出版社，2010.

[17] 康沛竹. 马克思主义学习型政党建设问题研究 [M]. 北京：经济科学出版社，2011.

[18] 刘志明. 列宁社会主义建设理论与实践研究 [M]. 北京：经济科学出版社，2013.

[19] 刘志伟. 论政治人理性：从"经济人理性"比较分析的角度 [M]. 北京：中国社会科学出版社，2005.

[20] 刘海平主编. 文化自觉与文化认同：东亚视角 [M]. 上海：上海外语教育出版社，2008.

[21] 李新泰. 马克思主义学风论 [M]. 北京：中共中央党校出版社，2001.

[22] 李觐. 中国共产党学习型政党建设实践的回顾与思考 [M]. 徐州：中国矿业大学出版社，2011.

[23] 李少军. 学习型党支部建设 [M]. 北京：中共党史出版社，2010.

[24] 李伟民，戴健林. 应用社会心理学新论 [M]. 北京：人民出版社，2006.

[25] 李义虎. 国际格局论 [M]. 北京：北京出版社，2004.

[26] 李淑珍. 当今时代与时代主题 [M]. 北京：北京大学出版社，2005.

[27] 吕澄，赵国良，孟庆民. 推进学习型党组织建设读本 [M]. 北京：红旗出版社，2010.

[28] 潘维，廉思. 中国社会价值观变迁30年 [M]. 北京：中国社会

科学出版社，2008.

[29] 彭继红. 中国共产党意识形态工作研究 [M]. 长沙：湖南大学出版社，2011.

[30] 钱宁. 新论语 [M]. 北京：生活·读书·新知三联书店，2012.

[31] 钱学森等. 论系统工程（增订本）[M]. 长沙：湖南科学技术出版社，1988.

[32] 宋镜明. 毛泽东建党科学体系发展史 [M]. 武汉：武汉大学出版社，1998.

[33] 邵维正. 中国共产党90年创新实录 [M]. 北京：解放军出版社，2011.

[34] 唐晋. 领导干部大讲堂 [M]. 北京：国家行政学院出版社，2008.

[35] 王充. 中国古代文化全阅读：论衡 [M]. 北京：时代文艺出版社，2002.

[36] 王伟光. 马克思主义中国化创新30年（1978-2008）[M]. 北京：中国社会科学出版社，2008.

[37] 乌杰. 新世纪新思维 [M]. 北京：中国财政经济出版社，2004.

[38] 吴振兴，袁野. 危机与转机——金融风暴、经济危机下中国经济的问题、政策分析与出路 [M]. 北京：新世界出版社，2009.

[39] 奚从清. 角色论——个人与社会的互动 [M]. 杭州：浙江人民出版社，2010.

[40] 谢春红. 当代中国共产党建设学习型政党研究 [M]. 北京：人民出版社，2009.

[41] 涂子沛. 数据之巅 [M]. 北京：中信出版社，2014.

[42] 杨瑞龙. 全球经济调整中的中国经济增长 [M]. 北京：中国人民大学出版社，2007.

[43] 杨永加. 大兴学习之风 [M]. 北京：中共中央党校出版社，2013.

[44] 杨韶刚. 道德教育心理学 [M]. 上海：上海教育出版社，2007.

[45] 杨立英，曾盛聪. 全球化、网络化境遇与社会主义意识形态建设研究 [M]. 北京：人民出版社，2006.

[46] 杨雄, 桓谭. 中国古代文化全阅读: 扬子法言新论 [M]. 北京: 时代文艺出版社, 2002.

[47] 于景森. 学习型政党研究 [M]. 北京: 人民出版社, 2009.

[48] 张荣臣. 坚守共产党人的精神家园 [M]. 成都: 四川人民出版社, 2013.

[49] 张九军. 党员干部党性修养概论 [M]. 上海: 上海人民出版社, 2007.

[50] 张世飞. 马克思主义党建理论中国化研究 [M]. 北京: 经济科学出版社, 2013.

[51] 张艳新. 社会主义意识形态建设研究 [M]. 北京: 社会科学文献出版社, 2013.

[52] 赵麟斌. "马克思主义中国化"研读 [M]. 上海: 同济大学出版社, 2010.

[53] 甄小英. 怎样进行党性修养和党性分析 [M]. 北京: 中共中央党校出版社, 2013.

[54] 郑又贤. 马克思主义中国化之思想方法透视 [M]. 北京: 社会科学文献出版社, 2010.

[55] 郑杭生. 中国特色社会学理论的深化 [M]. 北京: 中国人民大学出版社, 2010.

[56] 周雪光. 组织社会学十讲 [M]. 北京: 社会科学文献出版社, 2003.

[57] 朱凯. 中国共产党整风精神史论 [M]. 西安: 陕西人民出版社, 2004.

[58] 朱力. 社会学原理 [M]. 北京: 社会科学文献出版社, 2003.

[59] [德] 洛尔夫·德鲁贝克, 雷纳特·麦科尔. 马克思恩格斯论共产主义社会与社会主义社会 [M]. 籍维立等译. 郑州: 河南人民出版社, 1993.

[60] [美] 帕拉格·卡纳. 第二世界——大国时代的全球新秩序 [M]. 赵广成, 林民旺译. 北京: 中信出版社, 2009.

[61] [美] 尼古拉斯·R. 拉迪. 中国融入全球经济 [M]. 隆国强等译. 北京：经济科学出版社，2002.

[62] [美] 彼得·圣吉. 第五项修炼心灵篇 [M]. 北京：中信出版社，2010.

[63] [美] 约翰·罗尔斯. 正义论 [M]. 北京：中国社会科学出版社，2009.

[64] [美] 琳内·莱韦斯克. 创造力 [M]. 李敏译. 哈尔滨：黑龙江科学技术出版社，2009.

[65] [美] 塞缪尔·亨廷顿. 文明的冲突与世界秩序的重建 [M]. 周琪、刘绯等译. 北京：新华出版社，2002.

[66] [美] 塞缪尔·亨廷顿著. 难以抉择——发展中国家的政治参与（汪晓寿等译）[M]. 北京：华夏出版社，1989.

[67] [俄] 戈尔巴乔夫，勃兰特. 未来的社会主义 [M]. 北京：中央编译出版社，1994.

[68] [美] 菲利普·津巴多，罗伯特·约翰逊，薇薇安·麦凯恩. 普通心理学：核心概念 [M]. 北京：清华大学出版社，2014.

[69] [美] 丹尼尔·贝尔. 资本主义的文化矛盾 [M]. 上海：上海三联书店，1989.

[70] [美] 戴维·迈尔斯. 社会心理学 [M]. 北京：人民邮电出版社，2006.

[71] [英] 罗素. 教育论 [M]. 北京：东方出版社，1990.

三、中文论文

（一）学位论文

[1] 曹建红. 毛泽东执政党的建设的理论与实践及当代价值研究 [D]. 保定：河北大学，2012.

[2] 陈如东. 中国特色马克思主义学习型政党研究 [D]. 福州：福建师范大学，2012.

[3] 程国政. 加强领导干部学风建设问题研究 [D]. 北京：中共北京

市委党校，2012.

[4] 丁卫华. 新时期中国共产党政党文化研究 [D]. 南京：南京师范大学，2012.

[5] 房慧. 经验学习的反思与建构 [D]. 重庆：西南大学，2010.

[6] 高璐佳. 中国共产党延安时期学风建设研究 [D]. 甘肃：兰州大学，2011.

[7] 韩艳涛. 马克思主义中国化进程中中国共产党人的理论自觉研究 [D]. 天津：南开大学，2010.

[8] 霍艳丽. 中国共产党推进学习型政党建设研究 [D]. 长春：东北师范大学，2011.

[9] 康厚德. 思想建党的里程碑：论共产党员的修养的历史意义和当代价值 [D]. 成都：西南交通大学，2012.

[10] 李辉. 新时期党的学风建设研究 [D]. 武汉：华中科技大学，2006.

[11] 李亚艳. 西方学习方式的研究及其启示 [D]. 济南：山东师范大学，2010.

[12] 林仕尧. 社会主义核心价值体系构建的历史与逻辑 [D]. 南京：南京大学，2012.

[13] 刘岩. 马克思主义中国化进程中理论接收问题研究 [D]. 长春：东北师范大学，2011.

[14] 刘小珍. 孟子学习思想的现代诠释 [D]. 南昌：江西师范大学，2006.

[15] 龙秀雄. 中国共产党干部思想政治教育时代性研究 [D]. 西安：陕西师范大学，2010.

[16] 茆素琼. 合法性视阈下中国共产党长期执政研究 [D]. 南京：南京师范大学，2012.

[17] 夏可珍. 新时期领导干部作风建设难题破解 [D]. 长沙：中南大学，2006.

[18] 万奎. 建设马克思主义学习型政党研究 [D]. 天津：南开大学，

2012.

[19] 王政堂．新时期共产党员理想信念建设研究［D］．北京：中共中央党校，2008．

[20] 徐稳．中国共产党引领先进文化能力研究［D］．济南：山东大学，2012．

[21] 许青春．中国特色社会主义理论体系的传统文化基础研究［D］．济南：山东大学，2012．

[22] 杨景．马克思主义学习型政党建设研究［D］．北京：中共中央党校，2013．

[23] 杨俊．延安时期理论学习及其对建设学习型政党的启示［D］．北京：中共中央党校，2013．

[24] 叶绪江．当代中国干部教育培训有效供给研究［D］．南京：南京农业大学，2012．

[25] 张永刚．中国共产党执政理念研究［D］．成都：西南交通大学，2011．

[26] 张爱武．全球化进程中的中国共产党先进性建设研究［D］．扬州：扬州大学，2010．

[27] 张赛男．基于集体智慧的开放学习资源聚合与分享研究［D］．长春：东北师范大学，2014．

[28] 赵志宇．新民主主义革命时期中国共产党干部教育研究［D］．长春：吉林大学，2013．

（二）期刊论文

[1] 包心鉴．理论创新与学风建设［J］．理论前沿，2001（2）．

[2] 蔡永生．遵循马克思主义执政党保持纯洁性的规律［J］．红旗文稿，2012（9）．

[3] 常春明．浅论以马克思主义学风建设马克思主义学习型政党［J］．党史文苑，2010（6）．

[4] 程惠君，吴幼珍．探析知识团队的"心理契约"管理［J］．商场现代化，2007（3）．

[5] 储霞. 党员主体理论的现实意义及其实现途径 [J]. 岭南学刊, 2008 (1).

[6] 丁健. 浅析大数据对政府的推进作用 [J]. 中国信息界, 2012 (9).

[7] 董险峰. 两次历史性飞跃的实现与学风问题 [J]. 中国特色社会主义理论论坛, 1998 (2).

[8] 樊琪, 程佳莉. 学习惰性研究综述 [J]. 心理科学, 2008 (6).

[9] 冯颜利, 吴兴德. 建设马克思主义学习型政党研究述评 [J]. 理论探讨, 2010 (11).

[10] 高心湛. 论抗战时期中国共产党学习运动的特点 [J]. 许昌学院学报, 2004 (3).

[11] 韩振峰. 毛泽东对"党风"、"文风"、"学风"概念的科学界定 [J]. 思想理论教育导刊, 2005 (12).

[12] 贺国强. 大力加强领导干部学风建设努力做到勤奋好学学以致用 [J]. 求是, 2007 (9).

[13] 侯桂芳, 方宁. 建国后中国共产党历次整风整党的启示 [J]. 上海党史与党建, 2005 (1).

[14] 胡国喜. 建设马克思主义学习型政党：历史渊源与路径探究 [J]. 中共贵州省委党校学报, 2009 (11).

[15] 胡培兆. 政治经济学的创新与学风 [J]. 经济学动态, 2010 (9).

[16] 胡小林. 以史为镜创建学习型社会——试论中国学习思想史的基本特征 [J]. 宁夏社会科学, 2004 (3).

[17] 蒋仁勇. 建设学习型政党对党的建设运行机制的创新 [J]. 理论学刊, 2008 (3).

[18] 金正一. 立场观点和方法的内涵及其基本特征 [J]. 延边大学学报, 2005 (6).

[19] 蒯正明, 王玉. 中国共产党成立以来保持纯洁性的基本经验 [J]. 求实, 2013 (3).

[20] 喇国玮. 学风建设问题之管见 [J]. 山东省农业管理干部学院学

报，2002（8）.

[21] 梁凯．论毛泽东学风思想的特点［J］．毛泽东思想研究，2006（5）.

[22] 李本松．认识论视角下建设马克思主义学习型政党的哲学意蕴［J］．中共珠海市党校珠海市行政学院学报，2011（4）.

[23] 李星，林杰．论习近平学习观的逻辑理路及其当代启示［J］．延安大学学报（社会科学版），2014（6）.

[24] 李冬．刘少奇党员修养理论的当代价值［J］．领导素质，2013（8）.

[25] 李诗和．试论科学发展观的系统思维特征［J］．系统科学学报，2010（4）.

[26] 林述舜．总结成功经验，加强学风建设［J］．理论学习月刊，1998（12）.

[27] 林伟京．第三代中共领导集体加强党风建设的基本经验［J］．广西社会科学，2004（10）.

[28] 林彦博．试论增强党员意识［J］．党建研究，2011（5）.

[29] 刘金山．功利主义主导下的人生价值观［J］．唐山师范学院学报，2005（7）.

[30] 刘付春．信息网络化条件下党员思想纯洁性建设［J］．中国井冈山干部学院学报，2012（5）.

[31] 刘守尧．树立新的学习理念迎接知识经济的挑战［J］．改革与开放，1997（7）.

[32] 刘益飞．党员主体：党建理论研究的恒久主题［J］．中共四川省委党校学报，1999（1）.

[33] 刘红凛．借鉴性、差异性与创造性——论马克思主义学习型政党与学习型组织理论的关系［J］．探索，2011（4）.

[34] 刘奉越．瑞典个人学习账户制度研究［J］．教育发展研究，2008（5）.

[35] 刘景泉，秦利海，纪亚光．中国共产党的学习运动述论［J］．中

共党史研究，2004（3）.

[36] 刘先春，杨志超. 毛泽东对马克思主义学习型政党建设的贡献与启示 [J]. 思想理论教育导刊，2011（1）.

[37] 罗殿龙. 着力推进党的作风建设 [J]. 当代广西，2005（6）.

[38] 梅荣政. 弘扬马克思主义的优良作风——学习《江泽民论有中国特色社会主义》[J]. 高校理论战线，2002（10）.

[39] 聂子龙. 论科层制与学习型组织的相容性 [J]. 北方经贸，2003（4）.

[40] 齐艳红. 辩证法：在拒斥与拯救之间——分析马克思主义方法论的内在张力及其根源 [J]. 学术交流，2011（3）.

[41] 冉冉. 我国学习型政党建设研究 [J]. 河北大学学报，2007（6）.

[42] 沈建钢. 我党历史上五次学习高潮 [J]. 中国特色社会主义研究，2003（4）.

[43] 宋素琴. 试论江泽民与时俱进的马克思主义学风观 [J]. 佛山科技学院学报（社会科学版），2005（2）.

[44] 宋五一，胡利群. 对创先争优活动的再思考 [J]. 中共四川省委党校学报，2011（2）.

[45] 孙传刚. 加强党的执政能力建设需要加强学风建设 [J]. 胜利油田学院学报，2005（3）.

[46] 孙崇文. 文化淀积下的中国传统学习理论 [J]. 山西大学师范学院学报，1993（3）.

[47] 盛华. 论马克思主义学风——纪念马克思逝世一百周年 [J]. 复旦学报（社会科学版），1983（2）.

[48] 谈育明，谢勇. 论马克思主义学习型政党学风建设问题 [J]. 工会论坛，2010（5）.

[49] 汪圣云. 论延安整风运动对毛泽东思想确立的重要意义 [J]. 毛泽东思想研究，2003（6）.

[50] 王炳林. 毛泽东对确立马克思主义学风的历史贡献 [J]. 新视野，2013（6）.

[51] 王绍芳. 中共三代领导核心与马克思主义学风建设 [J]. 安徽农业大学学报（社会科学版），2006（1）.

[52] 王万江. 刘少奇对建设马克思主义学习型政党的探索 [J]. 理论与改革，2010（5）.

[53] 王万杰. 践行"三个代表"要注重学风建设 [J]. 西南民兵杂志，2004（3）.

[54] 王有红. 论延安精神与延安时期党的学风建设 [J]. 执政党建设，2013（9）.

[55] 王良云. 马克思主义学风与群众路线 [J]. 中州学刊，1998（6）.

[56] 魏良福. 关于学习型政党内涵的理论探析 [J]. 渝西学院学报，2003（12）.

[57] 吴桂韩. 准确把握马克思主义学习型政党的深刻内涵 [J]. 湖北行政学院学报，2010（4）.

[58] 吴月堂. 论马克思主义哲学的方法论本性 [J]. 湖南师范大学社会科学学报，1995（5）.

[59] 肖小华. 解决干部教育中的学风建设问题的几条重要途径 [J]. 胜利油田党校学报，2010（1）.

[60] 谢春红. 现代学习理念的演进与建设马克思主义学习型政党 [J]. 岭南学刊，2010（9）.

[61] 熊瑰艺. 新时期建设学习型政党的障碍及其对策初探 [J]. 黑龙江史志，2009（7）.

[62] 徐崇温. 社会主义发展历程中若干问题研究 [J]. 湖南社会科学，2001（2）.

[63] 徐世杰. 论列宁的马克思主义学风观 [J]. 理论探讨，2004（6）.

[64] 徐世杰. 加强马克思主义学风建设：抗战时期我党保持先进性的重要举措 [J]. 理论探讨，2005（5）.

[65] 薛金慧. 弘扬马克思主义学风提高党的执政能力 [J]. 南方论刊，2005（10）.

[66] 阎树群. 毛泽东学风理论的发展历程 [J]. 人文杂志，2003（2）.

[67] 杨麻.学习是克服本领恐慌的最好办法[J].理论前沿,2003(3).

[68] 杨素稳,宋素琴.论学风与党风、党性的关系[J].河北大学学报,2000(2).

[69] 杨晓.孔子终身学习哲学的原点"体知"及其现代启示[J].教育科学,2010(8).

[70] 杨东明.关于中国马克思主义方法论的思考[J].求实,2004(12).

[71] 姚迎春.党的三代领导核心与学风建设[J].学术论坛,2004(1).

[72] 于牧,黄曙光.毛泽东在学风问题上的贡献与失误[J].理论探讨,1999(6).

[73] 占志刚.习近平同志学习观初探[J].观察与思考,2014(3).

[74] 张保军.近二十年来对《历史决议》若干论断认识的深化[J].中共党史研究,2005(5).

[75] 张传燧.中国传统学习理论的哲学基础[J].华东师范大学学报,1999(2).

[76] 张海鹏.最严重的问题是一切向钱看——关于学风问题的几点感想[J].红旗讲坛,2013(10).

[77] 张文木.改进我们的学风[J].世界经济与政治,2002(5).

[78] 张元勋.试论毛泽东的学风思想[J].毛泽东思想研究,1999(5).

[79] 张洪修.共产党员坚定理想信念面临的现实矛盾与对策研究[J].理论学刊,2012(5).

[80] 赵金昭,宋素琴.试论马克思主义学风的本质及其社会功能[J].洛阳师范学院学报,2001(1).

[81] 郑必坚.经济全球化与面向二十一世纪的中国共产党[J].毛泽东思想研究,2000(4).

[82] 周海春."学习兴党"的基本经验与特点[J].河北省社会主义

学院学报，2010（4）.

[83] 祝宝钟. 弘扬延安整风精神加强党的学风建设[J]. 理论研究，2012（11）.

[84] 中共乐山市委课题组. 新时期加强党的学风建设研究报告[J]. 理论与改革，2001（6）.

（三）报纸论文

[1] 李娟芬. 改进党的学风是党风建设的题中之义[N]. 光明日报，2002-3-29（2）.

[2] 李慎明. 弘扬党的优良学风，加强党的理论建设[N]. 光明日报，2001-07-07（4）.

[3] 覃正爱. 学习党的创新理论要反对不良学风[N]. 湖南日报，2011-9-21（14）.

[4] 杨永加. 习近平总书记强调的六大思维方法[N]. 学习时报，2014-9-1（5）.

[5] 张洪修. 学风不正的根源[N]. 湖北日报，2001-1-11（4）.

[6] [美]彼得·圣吉. 中国建设学习型政党的世界意义[N]. 学习时报，2010-3-15（5）.

四、外文文献

[1] Garratt Bob. The Learning Organisation 15 years on: some personal reflections[J]. The Learning Organization. 1999, 6（5）.

[2] Amy Edmondson, Bertrand Moingeon. From Organizational Learning to Learning Organization[J]. Management Learning. 1998, 29（1）.

五、电子文献

[1] 罗万信. 学风建设是加强领导干部作风建设的生命线[EB/OL]. 宁夏廉网，2007-12-29.

[2] 习近平. 走好科技创新先手棋，就能占领先机赢得优势[EB/OL]. 新华网，2014-5-24.

[3] 赵乐际. 把习近平总书记《序言》重要精神落到实处 [EB/OL]. 共产党员网，2015-2-28.

[4] 中共中央组织部. 2013年中国共产党党内统计公报 [EB/OL]. 新华网，2014-6-30.

后　记

　　本书是在我的博士毕业论文基础上改写的。掩卷回首，本书的写作经历了四季更迭。在这过程中，我深刻地体会到学海无涯的真正含义。选择这个题目，具有一定的研究意义，也迎合了我个人的研究偏好。由于工作的关系，我常年接触大批的党员教育培训，不断观察他们的学习状态和学习观念。虽然我一直坚持认真地写完这本拙作，但我深知这只是学风建设体系研究的一个起点。书中存在许多的不足与缺点，研究的课题涉及面之广远超于自己能力可驾驭的范围，日后我仍将在相关领域继续研究下去。

　　很幸运，学习与研究的路上伴有导师李志军教授的悉心帮助与无私指导。当我对选题议而不决时，导师帮我梳理思路、确定题目；当我收集资料途径有限时，导师帮我推荐书目、提供参考；当我在写作中困难不断时，导师不停鼓励、耐心指导。本书的写作过程倾注了导师大量的心血。他循循善诱的教导、一丝不苟的指点，给予我无限的帮助。导师严谨的治学态度、孜孜不倦的学习精神、实事求是的工作作风，诲人不倦的高尚师德，对我影响深远。

　　本书的顺利完成，离不开老师的帮助，家人的支持，同学的关心。在写作期间，中央财经大学马克思主义学院的诸位老师给予了我颇多帮助。在此，我想感谢冯秀军教授、朱家梅教授为我答疑解惑；感谢王春玺教授、张世飞副教授给我宝贵建议；感谢韩美兰教授、韩小谦教授、陈文娟副教授等多位老师给予我写作的帮助和建议。

　　感谢我的父母给予我良好的教育，赐予我乐观的心态，在我最艰难的时刻，成为我强大的靠山；感谢我的姐姐林琳，在我犹豫不前的时候，安慰我鞭策我，为我指点迷津成为了我学习的榜样；感谢我的爱人，在我彷徨无助的时候,开导我鼓励我;感谢我的儿子汤诗豪,在我困倦懈怠时,他的天真活泼、可爱懂事,为我增添了学习的动力,让我懂得了爱的真义;感谢闺蜜小婧,她如温暖的阳光,一直陪伴我行走在追求梦想的路上;感谢我的奶奶曾一直给我加油,虽然她没有等到我毕业的那一天,但她对我的期望将在我的脑海里永存。感谢缘分,让志趣相投、息息相通的人们相遇相识;感谢母校、感谢北京国家会计学院,让我在人生难忘的青春岁月与他们相伴,让我原本庸常的生命充满动人的回忆。

唯有热爱,可以让嘈杂的外界与真切的内心绝缘;唯有热爱,才能不嫌笔墨淡,甘做读书人。愿你我心中有爱有信仰,眼有光芒有花朝!

陈宸

2017 年 11 月